Band 284

Erläuterungen zu

Gerhart Hauptmann
Die Ratten

von Rüdiger Bernhardt

Über den Autor dieser Erläuterung:

Prof. Dr. sc. phil. Rüdiger Bernhardt lehrte neuere und neueste deutsche sowie skandinavische Literatur an Universitäten des In- und Auslandes. Er veröffentlichte u. a. Monografien zu Henrik Ibsen, Gerhart Hauptmann, August Strindberg und Peter Hille, gab die Werke Ibsens, Peter Hilles, Hermann Conradis und anderer sowie zahlreiche Schulbücher heraus. Seit 1994 ist er Vorsitzender der Gerhart-Hauptmann-Stiftung Kloster auf Hiddensee. 1999 wurde er in die Leibniz-Sozietät gewählt.

Das Werk und seine Teile sind urheberrechtlich geschützt. Jede Verwertung in anderen als den gesetzlich zugelassenen Fällen bedarf der vorherigen schriftlichen Einwilligung des Verlages. Hinweis zu § 52 a UrhG: Weder das Werk noch seine Teile dürfen ohne eine solche Einwilligung eingescannt oder gespeichert und in ein Netzwerk eingestellt werden. Dies gilt auch für Intranets von Schulen und sonstigen Bildungseinrichtungen.

3. Auflage 2010
ISBN: 978-3-8044-1862-2
© 2007 by Bange Verlag, 96142 Hollfeld
Alle Rechte vorbehalten!
Titelabbildung: Szenenfoto aus einer Theateraufführung der *Ratten*. Deutsches Theater Kammerspiele, Berlin, 1977. Regie: Klaus Piontek. Jutta Wachowiak als Frau John. © CINETEXT, Frankfurt a. M.
Druck und Weiterverarbeitung: Tiskárna Akcent, Vimperk

Inhalt

Vorwort 5

1. Gerhart Hauptmann: Leben und Werk 6
1.1 Biografie.. 6
1.2 Zeitgeschichtlicher Hintergrund 16
1.3 Angaben und Erläuterungen zu wesentlichen Werken 21

2. Textanalyse und -interpretation 23
2.1 Entstehung und Quellen....................................... 23
2.2 Inhaltsangabe... 32
2.3 Aufbau... 40
2.4 Personenkonstellation und Charakteristiken 49
2.5 Sachliche und sprachliche Erläuterungen 58
2.6 Stil und Sprache 80
2.7 Interpretationsansätze 84

3. Themen und Aufgaben 91

4. Rezeptionsgeschichte 94

5. Materialien 107

Literatur 111

(Zitiert wird nach: Gerhart Hauptmann: *Die Ratten. Berliner Tragikomödie*. Ullstein Buch Nr. 23563. Berlin: Ullstein Buchverlage GmbH, [35]2006.)

Vorwort

Der Bühnenskandal seines Stückes *Vor Sonnenaufgang* machte Gerhart Hauptmann 1889 berühmt; durch *Die Weber* (1892) wurde er **weltberühmt** und ist es geblieben. *Die Ratten* (1911) bestätigten seinen Ruhm; sie gelten als perfektes Meisterstück eines naturalistischen Dramas im Kleid aristotelischer Dramaturgie. 1912 bekam der Dichter den Nobelpreis. Beachtet wurde die auffällige literarische Gestaltung ebenso wie Hauptmanns Interesse für die unterste Schicht der Gesellschaft, bei der die Bindung an den Arbeitsprozess lose und im gleichen Maß die Neigung zum Verbrechen größer wurden. Auch aus dieser immer wieder aktuellen Perspektive erscheint das Stück nach anfänglich zurückhaltendem Interesse inzwischen als Hauptmanns „wichtigste(r) Beitrag ... zum modernen Welttheater"[1].

Das Stück *Die Ratten* gehört zu den meistaufgeführten Schauspielen des Dichters und erlebt jährlich durchschnittlich fünf Inszenierungen in Deutschland. Es hat eine kaum überschaubare Zahl von Interpretationen hervorgerufen. Der vorliegende Kommentar führt schnell und genau in die naturalistisch erscheinende Struktur des Stückes ein, beschäftigt sich mit den klassizistischen Merkmalen, die durch die Verwendung von Schillers *Die Braut von Messina* eingebracht werden, diskutiert die Kategorie der Tragikomödie, geht den lokalen Bezügen des im Osten Berlins spielenden Stückes nach, stellt seine literarhistorische und politische Bedeutung vor und erläutert den szenischen (zwei kontrastierende Spielvorgänge) und sprachlichen Aufbau (Dialekt, Verstummen u. a.). Aus der Vielzahl von Inszenierungsangeboten skizziert er einige wenige, die zu beeindruckenden Aufführungen geführt haben. Berühmte Beispiele, die in der Tradition des Stückes stehen, werden kurz erläutert.

---

1 Hans Mayer: *Gerhart Hauptmann*. Velber bei Hannover: Friedrich Verlag, 1967 (Dramatiker des Welttheaters, Bd. 23), S. 68

1.1 Biografie

1. Gerhart Hauptmann: Leben und Werk

1.1 Biografie[2]

Jahr	Ort	Ereignis	Alter
1862	Ober-Salzbrunn/ Schlesien	(heute: Szczawno Zdrój) 15. November: Gerhard (sic!) Hauptmann wird im Hotel „Zur Krone" (später: „Zur Preußischen Krone") als Sohn des Hotelbesitzers Robert Hauptmann und seiner Frau Marie, geb. Straehler, und als jüngerer Bruder des Dichters Carl Hauptmann (1858–1921) geboren.	
1868–1874	Ober-Salzbrunn	Besuch der Dorfschule.	5–11
1870	Ober-Salzbrunn	Dem erkrankten Kind spielen die Geschwister mit Pappfiguren in Kulissen aus Pappdeckeln *Hamlet* vor.	7
1874–1878	Breslau	10. April: Eintritt in die Sexta der Realschule am Zwinger, Entlassung am 29. April 1878 als Quartaner.	11–15
1877	Sorgau	Verarmung der Eltern, sie geben das Hotel auf und übernehmen die Bahnhofswirtschaft in Sorgau.	14
1878	Breslau	Konfirmation in der Kirche zu St.-Maria-Magdalena.	15

---

2 Die Angaben folgen Pfeiffer-Voigt, vgl. aber auch: Rüdiger Bernhardt: *Gerhart Hauptmann*. Fischerhude: Atelier im Bauernhaus, 2007. – Die Biografie wird bis zu den *Ratten* relativ ausführlich mitgeteilt, dann als Überblick. – In der „Alter"-Spalte wird, da Hauptmann so spät im Jahr geboren wurde, sein jeweils tatsächliches Lebensalter angegeben.

1.1 Biografie

Jahr	Ort	Ereignis	Alter
1878/79	Lohnig, Lederose	Nach vorzeitigem Abgang von der Schule Landwirtschaftseleve (Schüler) auf den Gütern seines Onkels. Aus gesundheitlichen Gründen Abbruch der Lehre. Lektüre in seinem *Neuen Testament*, das ihn schließlich bis ins Grab begleitet.	15/16
1879	Breslau	Oktober: Bereitet sich privat auf das Examen für den Einjährig-Freiwilligen Militärdienst vor, scheitert im Mai 1880. Blutsbrüderschaft in einer Gruppe mit pangermanischen Idealen, ihr gehören Bruder Carl, Alfred Ploetz, Ferdinand Simon an.	16
1880	Lederose	Mai: Besuch bei den Verwandten, Leidenschaft für Anna Grundmann, seine Nachfolgerin als Eleve.	17
	Breslau	Ab 6. Oktober: Besuch der Königl. Kunst- und Gewerbeschule, Bildhauerklasse. Freunde: Hugo Ernst Schmidt, Josef Block.	
1881	Breslau	Januar: Ausschluss von der Schule wegen schlechten Betragens. Privatschüler bei Professor Haertel, durch ihn wieder Aufnahme in die Schule. Plastische Arbeiten.	18

1.1 Biografie

Jahr	Ort	Ereignis	Alter
	Hohenhaus	Die Brüder Georg, Carl und Gerhart lernen die Töchter des Großkaufmanns Thienemann kennen, die drei Brüder Georg, Carl und Gerhart heiraten später die drei Schwestern Adele, Martha und Marie (1860–1914). 24. September: Hochzeit Georgs und dabei Aufführung von Gerharts *Liebesfrühling*. 29. September: Heimliche Verlobung Gerharts mit Marie auf Hohenhaus.	18
1882	Breslau	Marie Thienemann besucht ihn und gibt ihm wirtschaftliche Sicherheit.	19
	Jena	Abgang von der Kunstschule; durch Prof. Haertel zum Studium als stud. hist.: Geschichte, Literatur, hört bei Ernst Haeckel.	19/20
1883	Berlin	Februar: Abgang vom Studium, großer Eindruck von Berlin.	20
	Hamburg	April: Reise nach Spanien, Monaco und Italien, teils mit dem Bruder Carl. Capri, Vesuv, Neapel, Rom. Rückkehr über Zürich.	
	Hohenhaus	1. Juli: Rückkehr über Florenz, Zürich zu Marie. Bildhauerpläne.	
	Rom	Oktober: Freier Bildhauer. Statue eines Kriegers bricht zusammen.	
1884	Rom	Februar: Marie Thienemann besucht ihn, Typhuserkrankung.	21

1.1 Biografie

Jahr	Ort	Ereignis	Alter
	Dresden	Sechs Wochen in der Zeichenklasse der Akademie der Künste. Plan einer Ikarier-Siedlung des Vereins „Pacific" wird aufgegeben. 8. Oktober: offizielle Verlobung mit Marie Thienemann.	
	Berlin	Immatrikulation gemeinsam mit Ferdinand Simon. Zwei Semester Studium bei Ernst Curtius und Du Bois Reymond. Nimmt Schauspielunterricht bei Alexander Heßler in einer ehemaligen Kaserne in der Nähe des Alexanderplatzes.	
1885	Dresden	5. Mai: Eheschließung mit Marie in der Johanniskirche. 29. Juli: erster Hiddenseebesuch; Rügenreise. Militäruntauglich. Wohnung zuerst in Berlin-Moabit, dann seit 30. 9. in Erkner.	22
1886	Putbus	Beziehungen zum Fürstlichen Theater. Blutsturz.	23
	Erkner	Bekanntschaft mit Max Kretzer, Wilhelm Bölsche und Bruno Wille.	
1887	Erkner	Kontakt zum am 6. Mai 1886 gegründeten Verein *Durch!* Der Verein besucht H. in Erkner, Vortrag im *Durch!* über Georg Büchner (17. Juni).[3]	24

---

3 Wenn in Literaturgeschichten zu lesen ist, Hauptmann habe Georg Büchner wiederentdeckt, ist das falsch: Seit 1878 war Georg Büchner durch die erste Veröffentlichung des *Woyzeck* und 1879 durch eine Werkausgabe (hrsg. von Karl Emil Franzos) bei den Naturalisten bekannt geworden. 1887 lagen schon zahlreiche Rezensionen, Notate und Werke vor, in denen Büchner genannt wurde.

1.1 Biografie

Jahr	Ort	Ereignis	Alter
	Altlandsberg	Erste Vernehmung am 17. Juni. wegen des Vereins „Pacific" im Zusammenhang mit dem Breslauer Sozialistenprozess; Gefühl der Verfolgung. Inzwischen schreibt er sich „Gerhart" statt „Gerhard".	24
	Breslau	7.–14 November: Hauptverhandlung im Breslauer Sozialistenprozess. Hauptmann wird am 14. November vernommen.	
1888	Zürich	29. Januar: Abreise nach Zürich, um sich weiterer Verfolgung zu entziehen. Carl Hauptmann und Martha haben ihn eingeladen. Freundeskreis mit Carl Henckell, Ploetz, Simon, John Henry Mackay, Wille, Bölsche, Frank Wedekind u. a.	25
	Burghölzli	Psychiatrische Studien bei Auguste Forel, Besuch der Irrenanstalt.	
	Erkner	Rückkehr Ende Oktober.	
1889	Berlin	Engere Beziehung zu Arno Holz und Johannes Schlaf. Gründung der *Freien Bühne* (5. April), Hauptmann tritt am 24. September in den Vorstand ein. Eröffnungsvorstellung mit Ibsens *Gespenster* am 29. September, enge Beziehungen zu Otto Brahm und Samuel Fischer.	26

1.1 Biografie

Jahr	Ort	Ereignis	Alter
	Erkner	Notizbuchmethode nach Zola. *Vor Sonnenaufgang* (ursprünglich: *Der Sämann*) erscheint im August, Uraufführung am 20. Oktober in der *Freien Bühne*. 18. August: erste Begegnung mit der 14-jährigen Margarete Marschalk, Schwester des Komponisten Max M., in Erkner.	
	Charlottenburg	September: Übersiedlung.	
1890	Italien	Reise. Zürich: Treffen mit Simon und Ploetz; Lugano u. a. Orte.	27
	Friedrichshagen	Beziehungen zu der dortigen Künstlerkolonie.	
	Schreiberhau	Sommer: Kauf eines Hauses in Mittelschreiberhau.	
1891	Schlesien	Frühjahr: Reisen ins Eulengebirge, Studien zu den *Webern*.	28
	Schreiberhau	9. August: Einzug in das umgebaute Haus, später folgt die Familie Carl Hauptmanns.	
1892	Berlin	Verbot der *Weber*.	29
1893	Berlin	14. Januar: Beginn des *Weber*-Prozesses (RA Dr. Grelling). 26. Februar: Premiere in der Freien Bühne (Neues Theater).	30
	Berlin	2. Oktober: Aufhebung des Verbots für das Deutsche Theater.	
	Berlin	14. November: entscheidende Begegnung mit Margarete Marschalk.	

1.1 Biografie

Jahr	Ort	Ereignis	Alter
	Zürich	Dezember: Reise zu Ferdinand Simon, trifft August Bebel. Es hatten auch *Der Biberpelz* und *Hannele (Hannele Matterns Himmelfahrt, Hanneles Himmelfahrt)* in diesem Jahr Premiere, Höhepunkte im Schaffen des Dichters.	31
1894	New York	Januar: Marie bricht mit den Kindern nach New York auf, Hauptmann – der mit Margarete lebt – folgt ihr. Die Ehe mit Marie wird erst 1904 geschieden; im gleichen Jahr heiratet Hauptmann Margarete Marschalk.	31
	Schreiberhau	Herbst: Auflösung des Haushalts; Marie siedelt mit den drei Söhnen nach Dresden über, Hauptmann nach Berlin.	
1895–1901		Aufenthalte in Berlin, Dresden, Hiddensee, Schlesien, Italien. Grillparzer-Preis 1896 und 1899. Selbstmordabsichten.	32–38
1901	Agnetendorf	10. August: „Haus Wiesenstein" wird bezogen. Es gehört nun zu den ständigen Aufenthaltsorten.	38
1903	Hirschberg	April: Geschworener in einem Prozess gegen einen Weber wegen Brandstiftung und eine Landarbeiterin wegen Kindestötung.	40

1.1 Biografie

Jahr	Ort	Ereignis	Alter
1903–1912		Wechselnde Aufenthalte, viele Bekanntschaften. Grillparzer-Preis 1905, Volksschillerpreis 1905, 1905 Ehrendoktor in Oxford.	
1905	Berlin	13. September: Hauptmann sieht Ida Orloff, heftige Liebe (Juni 1906 Trennung), wirkt in zahlreichen Texten nach.	42
1907	Berlin	Bericht gelesen: Kindestausch im Berliner Lokalanzeiger. **Erste Ideen zu den** *Ratten*.	44
	Griechenland	Reise von Triest nach Griechenland mit Familie und Freunden. Im Juni Rückkehr nach Agnetendorf.	
1909	Sestri Levante	Frühjahr: **Ausarbeitung der** *Ratten* **begonnen**.	46
1910	Agnetendorf	Mai: Sohn Erasmus Gerhart geboren, kurz darauf verstorben. Im August: **Abschluss der** *Ratten* **mit abweichendem Schluss**.	47
1911	Berlin	**Buchausgabe der** *Ratten*. **Uraufführung: Freitag, den 13. 1.** am Lessingtheater, Berlin.	48
1912	Stockholm	Nobelpreis. – Zahlreiche Feiern zu seinem 50. Geburtstag.	49/50
1913–1914		Wechselnde Aufenthalte, erster Film nach einem Hauptmann-Werk (*Atlantis*), Max Reinhardt bekommt das ausschließliche Aufführungsrecht aller Werke Gerhart Hauptmanns für Berlin.	50/51

1.1 Biografie

Jahr	Ort	Ereignis	Alter
1914–1918		Bei Ausbruch des Ersten Weltkriegs kriegsbegeistert. Nationalistische Gedichte.	51–55
1919–1933		Gerhart Hauptmann wird zu einem der wichtigsten Dichter der Weimarer Republik. Große Ehrungen zum 60. Geburtstag 1922.	56–70
1924	Kloster auf Hiddensee	Mit der Familie Thomas Manns auf Hiddensee; Ärger Hauptmanns über die Gestalt Peeperkorns in Th. Manns *Der Zauberberg*.	61
1926	Kloster	Erstmals in „Haus Seedorn", das er zuerst mietet, 1930 von der Gemeinde kauft und im Winter 1930/31 erweitern lässt.	63
1931	Darmstadt	Hauptmann inszeniert die *Ratten* am Landestheater.	68
1932	New York	Feiern zum 70. Geburtstag; Reden zu Goethes 100. Todestag.	69/70
1933–1945		Im Faschismus verhält sich Hauptmann opportunistisch: Er spricht sich nicht gegen ihn aus, wird auch geehrt und stimmt häufig zu.	70–82
1933	München	15. Oktober: Uraufführung *Die goldene Harfe* zum Tag der deutschen Kunst, Zugeständnis an nationalsozialistische Politik.	70
1945	Dresden	13./14. Februar: Der Dichter erlebt die Zerstörung der Stadt. Er schreibt seine berühmte Klage über den Untergang Dresdens.	

1.1 Biografie

Jahr	Ort	Ereignis	Alter
1945	Agnetendorf	3.–6 Oktober: Johannes R. Becher besucht gemeinsam mit Grigorij Weiss Hauptmann und bittet ihn um Mitarbeit am kulturellen Neuaufbau. Hauptmann stimmt zu.	82
1946	Agnetendorf	6. Juni: Tod Gerhart Hauptmanns.	83
	Berlin	21. Juli: Der Sonderzug mit dem Sarg Hauptmanns trifft ein.	
	Hiddensee	28. Juli: Seinem Wunsch entsprechend wird Gerhart Hauptmann bei Sonnenaufgang auf dem Inselfriedhof in Kloster beigesetzt.	

1.2 Zeitgeschichtlicher Hintergrund

Zahlreiche Elemente der Tragikomödie *Die Ratten* sind naturalistischer Herkunft. Einige Inhalte der Dialoge betreffen die Zeit von 1885/86, also die Zeit eines ersten Höhepunktes der naturalistischen Bewegung, an dem Gerhart Hauptmann nicht beteiligt war. Da sich der Naturalismus als Bewegung bereits 1890 aufzulösen begann, ist an dem Stück, zwanzig Jahre später entstanden, der Unterschied zwischen der Bewegung und der Gestaltungsmethode zu erkennen. Während der Naturalismus in anderen literarischen Bewegungen aufging, blieb die naturalistische Methode erhalten. Aber auch auf naturalistische Themen griff Hauptmann zurück; er bestätigte sie durch die Verwendung eigener Erlebnisse und Erfahrungen. Dadurch lässt sich **die Handlung auf 1885/86** datieren und ein erster zeitgeschichtlicher Hintergrund der Handlung fixieren. Es ist die

Zeit des Sozialistengesetzes (1878–1890):

Zeit des Sozialistengesetzes | Sozialdemokratische Vereine waren verboten, wie auch alle sozialdemokratischen Druckschriften. Damit sollte die Sozialdemokratie geschwächt werden; das Gegenteil trat ein. Nach der Wirtschaftsrezession gab es seit 1883 wieder einen wirtschaftlichen Aufschwung, in dem besonders die junge Hauptstadt Berlin einen wichtigen Platz einnahm. Es begann die Ausweitung der Hauptstadt Berlin nach dem Westen, wo auch Hassenreuters wohnen (28). Der Osten war der gefährlichere Teil, deshalb kann Spitta anbieten, Walburga „in dieser Gegend" (28) zu begleiten. Allerdings stand der sogenannte „Zug nach dem Westen", nach „Berlin W", am Anfang; noch war der „Alte Westen" am Tiergartenviertel zu Ende.[4] Wenn die Piperkarcka von „Schlachtensee oder Halensee" (8) spricht, meint sie eine im Entstehen befindliche Wohngegend. Bruno berichtet, er habe im Tiergarten geschlafen (15), die Piperkarcka würde sich auch am Tage dort vor ihm fürchten (11) und Spitta sieht sich dort von „Berliner Hyänen" (104) umschlichen. Es wird deutlich, wie gefährlich die Gegend noch war. Hauptmann

---

4   Vgl. dazu: Annemarie Lange: *Das Wilhelminische Berlin*. Berlin: Dietz Verlag, 1976, S. 86 ff.

1.2 Zeitgeschichtlicher Hintergrund

kam 1886 in Berlin mit den jungen Naturalisten zusammen, lernte ihre Ansichten und vor allem ihre neuen Themen kennen, die sich am sogenannten 4. Stand, dem Proletariat, und an den Schattenseiten (Ausgestoßenen, Prostituierten, Kranken, Alkoholikern) des sozialen Lebens orientierten. Mit *Vor Sonnenaufgang,* wo ein Teil der Themen verarbeitet wurde, bereitete er der naturalistischen Bewegung 1889 einen Sieg auf dem Theater.

Der zweite Zeitabschnitt von Bedeutung ist die **Entstehungszeit der *Ratten* von 1907 bis 1911.** An ihrem Ende steht die Bildung eines Zweckverbandes „Groß-Berlin", in dem sechs Städte und 20 Gemeinden vereinigt wurden. Aber es war keine Stadt geworden. Gründe dafür waren, dass die westlichen Städte und Gemeinden hohe Steuereinnahmen hatten, im Gegensatz zu den östlichen, und diese nicht einbringen wollten. Zum anderen ließ sich das politisch aufgeregte Berlin mit den konservativen Dörfern am Rande in Schach halten; der Einfluss der Sozialdemokratie wurde gebremst. Andererseits war Berlin das Zentrum der künstlerischen Avantgarde: Seit 1910 erschien die Zeitschrift „Sturm", die sich für Expressionismus und Futurismus einsetzte, und seit 1911 die „Aktion", die eine klare politische Tendenz hatte und sich der Gruppe der Linken in der SPD näherte. Polarisierungen waren im Gang; aber es gab auch das verbreitete Gefühl, in einer Endzeit zu leben.

In dieser Zeit wurde Hauptmanns Reise nach Griechenland 1907 wichtig: Er fand für seine gelebte Unentschiedenheit eine mythische Begründung, die er nie wieder aufgab. Die „Menschenseele" könne „zahllose Formen"[5] annehmen und habe nur Schicksal und Götter über sich. Er habe Griechenland besucht, um die Götter „herrschen zu machen über mich" (CA VII, 28).

Die Anerkennung des Dichters in Deutschland stieg, obwohl er vom Kaiserhaus mehrfach diskriminiert worden war. Nach zahlreichen Ehrungen im Ausland erhielt Hauptmann am 30. Juli 1909 die erste offizielle Ehrung auf deutschem Boden: Er wurde zum Dr. phil. h. c.

---

5   Gerhart Hauptmann: *Sämtliche Werke (Centenar-Ausgabe).* 11 Bände. Hrsg. von Hans-Egon Hass. Berlin: Propyläen Verlag, 1996, Bd. VII, S. 31; **zit. im weiteren Text: CA, Band- und Seiten**angabe.

1.2 Zeitgeschichtlicher Hintergrund

und Magister der Freien Künste der Universität Leipzig promoviert, „ein historischer Titel, der (ihm) zuweilen in der Stille besondere Freude macht(e)." (CA VI, 699) Es entstanden Freundschaften und Bekanntschaften in gehobenen Kreisen: mit Cosima Wagner und dem Hause Wahnfried, mit Cosimas Schwiegersohn Houston Stewart Chamberlain, „der die ideologische Vor- und Frühgeschichte des deutschen Faschismus wesentlich mitbestimmt(e)"[6] und dessen antisemitisches Hauptwerk *Grundlagen des 19. Jahrhunderts* Hauptmann besaß. „Brüderschaft" schloss er mit Walther Rathenau, seit 1903 einer der Direktoren der AEG und politisch noch nicht engagiert, aber sich als politischer Essayist für das Bürgertum und gegen den preußischen Adel profilierend, mit dem Reichskanzler Fürst Bernhard von Bülow (1849–1929, Reg.zeit 1900–1909) und dem Diplomaten Fürst Karl Max von Lichnowski. Es war die Ebene des „Fürst Statthalter(s)" (26), mit der Hauptmann verkehrte, nicht mehr die der Maurerfamilie John oder gar die des Verbrechers Mechelke. Dennoch hatte er beide Ebenen erlebt, kannte sie und konfrontierte sie miteinander.

Hauptmanns Tragikomödie handelt zwar um 1886, umfasst geistig und politisch aber die gesamte Periode bis 1910. Das Stück wurde dadurch ein Beispiel für das Deutsche Reich nach der Reichsgründung 1871 bis zum Vorabend des Ersten Weltkrieges (1914–1918). Das Berliner Mietshaus wurde zur großen Metapher, zum künstlerischen Bild der gesellschaftlichen Situation in Deutschland. Daraus erklärt sich auch, weshalb von den Spitzen des Reichs (Kaiser Wilhelm I., Fürst Statthalter, Prinzen) bis zu den „Unterschichten" (Prostituierte, Süchtige, Kriminelle), wie Alfred Kerr sie bezeichnete (s. S. 108 der vorliegenden Erläuterung), alle ihren Platz in diesem Haus oder seinem Umfeld bekamen. Man lebte „oberirdisch" oder „unterirdisch" (89 f.), als Garderittmeister oder als suchtkranke Prostituierte, im Palast oder in der Mietskaserne. Es nur auf seine naturalistischen Elemente festzulegen, wird dem Stück nicht gerecht, gerade diese Gegensätze weisen auf seinen symbolischen Gehalt hin.

---

6   Günter Hartung: *Deutschfaschistische Literatur und Ästhetik*. Leipzig: Universitätsverlag, 2001, (Gesamttitel: *Gesammelte Aufsätze und Vorträge*, Bd. 1), S. 23

1.2 Zeitgeschichtlicher Hintergrund

> *Die Menschen leben/halten sich auf in*
> Berlin
> *Die Menschen kommen aus/arbeiten in*
> Randgebieten von Berlin, Straßburg, Reichsland Elsass, Altona, Brückenberg in Schlesien, Vogtland, Schwoiz in der Uckermark, Polen
> *Die Menschen bewegen sich in/am*
> Schlachten- und Halensee, Landwehrkanal, Alexanderplatz, Markthalle, Tiergarten, Grunewald, Kreuzberg, Schiffbauer Damm (Zirkus Schumann), Bahnhof Zoo, Lehrter Bahnhof, Dragoner- und Barnimstr., Blumen- und Wallnerstr., Uferstr., Hausvogteiplatz, Parochialkirche, Hoftheater, Reichstag, Wuhlheide, Schildhorn, Plötzensee, Potsdam, Hangelsberg, Hasenheide (Park im Süden Berlins)
> *Die Menschen wohnen/verkehren im:*
> Mietshaus
> (ehemalige Kavalleriekaserne)
>
> **Struktur der Beziehungen zwischen Mietshaus und Berlin**

Das Mietshaus ist ein Abbild von Berlin[7], Berlin ist ein Abbild des Deutschen Reiches; das Mietshaus ist dadurch das punktuelle Zentrum des Reiches. Die Tragikomödie wurde Hauptmanns letztes Werk mit einem deutlich ausgestellten sozialen Thema, bei dem die Gegensätze als Ausdruck von gesellschaftlichen Widersprüchen vorgeführt werden. Auf den „Gegensatz zweier Welten" wies Hauptmann in einem Aufsatz hin, der nach der Uraufführung entstand, dieser Gegensatz sei die „Idee des Dramas" (CA XI, 809) gewesen. Dass das alte Deutschland, das Kaiserreich, für den Dichter ein Rattennest war, bestätigte er in einer sehr späten Eintragung in sein Tagebuch. Am 12. Januar 1944 erinnerte er sich in einem Gedicht, in Betrachtung einer seiner Schiffsuhren in Agnetendorf, an Gustav Adolf von Schweden, den Gegner Wallensteins, und sah in Uhr und Bild ein Zeichen der Ewigkeit. Seine Betrachtung endete:

---

7   Es lassen sich problemlos mit einem alten Stadtplan und Adressbuch die einzelnen Orte wiederfinden. Vgl. Ekkehard Schwerk: *Ausflug nach Rummelsburg mit altem Stadtplan und Adressbuch – Nachspiel zu Gerhart Hauptmanns Tragikomödie ‚Die Ratten'.* In: Der Tagesspiegel, Berlin, 5. Oktober 1997, Nr. 16121, S. 13

1.2 Zeitgeschichtlicher Hintergrund

> *„... o Deutschland, was du einst gewest*
> *Wer will den Reichtum je verstehen:*
> *Was warst du für ein Rattennest!*
> *Von widerspenstigen Ideen!"*[8]

Es war eine Konfrontation, wie in den *Ratten*: Auch dort trafen Erinnerungen an die Schweden des Dreißigjährigen Krieges auf eine morbide Gegenwart. Kurz zuvor hatte Hauptmann im Dezember 1944 eine Privataufnahme Alexander Heßlers, die in einer Zeitung mit der Unterschrift veröffentlicht worden war („Alexander Heßler. Gerhart Hauptmanns Lehrer der Dramaturgie") in sein Tagebuch eingeklebt.[9]

---

8   Eintragung in das Tagebuch vom 12. Januar 1944, bisher unveröffentlicht, Nachlass Gerhart Hauptmann in der der Staatsbibliothek zu Berlin, Preußischer Kulturbesitz, HS 5x.doc
9   Nachlass Gerhart Hauptmann in der Staatsbibliothek zu Berlin, Preußischer Kulturbesitz, HS 230x.doc, ohne Datum, nach dem 23. Oktober 1943 und vor dem Jahreswechsel 1943/44.

1.3 Angaben und Erläuterungen zu wesentlichen Werken

Hier werden Werke von Hauptmann genannt, die in Verbindung mit den *Ratten* stehen.

Der Buchstabe tötet (vermutlich 1887) handelt von dem Dienstmädchen Marie aus der Stadt, das die Pflegeeltern Filiz seiner sieben Jahre alten Tochter besucht und die Pflege für ein Jahr bezahlt. Filiz lehnt das Geld ab und versieht Marie mit Schimpfworten wie „Sauleder und Saustücke" (CA XI, 29). Das geschieht auf dem Dorf; die Metapher der Ratten ist nicht vorhanden. Da der Text unvollendet blieb, ist nur zu vermuten, dass Marie, nachdem sie verheiratet ist, das Kind zurückhaben will. Der Maurer Filiz – der Name erscheint als Fielitz in *Biberpelz* („bei dem lausigen Fielitzschuster", CA I, 489) und im *Roten Hahn* – ist darüber unglücklich. Wahrscheinlich war ein tragisches Ende geplant, „sei es im Hinblick auf das Kind Lieschen, sei es für den Pflegevater oder gar beide."[10] Das Thema der Mutter und der Mütterlichen war ein im Naturalismus besonders beliebtes Thema, weil es sich logisch mit dem Thema der Frauenemanzipation verbinden ließ.

Heßler Maskenverleihanstalt heißt ein Thema, das Hauptmann im Frühjahr 1887 unter der Nr. 17 auf einer Liste notierte. Entsprechende Hinweise finden sich in den autobiografischen Schriften des Dichters (CA VII, 1018, 1046; CA IX, 491). Der Titel kehrt in einer Fassung der *Ratten* wieder: *Der Storch beim Maskenverleiher* (CA IX, 1181). Er steht als Regieanmerkung in der endgültigen Fassung: „Man kann, bei dem ungewissen Licht, im Zweifel sein, ob man sich in der Rüstkammer eines alten Schlosses, in einem Antiquitätenmagazin oder bei einem Maskenverleiher befindet." (7)

Vor Sonnenaufgang hatte 1889 das Thema der toten Kinder berührt. In der Familie Krause war ein Kind am Alkoholismus gestorben, das nächste kam als Totgeburt auf die Welt. Kinder wurden von Hauptmann nachdrücklich in sozialer Abhängigkeit von den Eltern gesehen.

---

10 Requardt/Machatzke, S. 113

1.3 Angaben und Erläuterungen zu den Werken

Rose Bernd (1903) behandelt ein ähnliches Thema wie die *Ratten* und stimmt als „Tragödie einer Mutter ... bis ins Detail der Metaphorik und Psychologie"[11] mit diesem Stück überein. In beiden Stücken haben die Männer kein Verständnis für die Handlungen der Frauen, obwohl sie doch alles für diese Männer taten. „Das Mutterschicksal Henriette Johns in den *Ratten* wirkt wie ein Pendant zur bäurischen Tragödie der Rose Bernd."[12]

Herbert Engelmann (1924, Uraufführung 1952) war für Hauptmann „ein Seitenstück zu seiner Berliner Tragikomödie *Die Ratten*"[13]. Es setzt diese auch zeitlich und thematisch fort. Spielen die *Ratten* vor dem Ersten Weltkrieg, so *Herbert Engelmann* danach um 1923. Die Inflation spielt hinein. Wiederum liegt ein Kriminalfall zugrunde. Nur geht der Mörder, ein mittelloser Soldat, diesmal nicht unter, wie Mechelke, sondern wird ein anerkannter Schriftsteller. – Engelmann und Mechelke machen ähnliche Erfahrungen: Engelmann denkt über ein „ambulante(s) Streichhölzergeschäft" (CA VIII, 336) nach, Mechelke setzte seiner Schwester entgegen, mit einem Streichholzhandel „mehr Pinke" (11) zu verdienen als mit Rattenfallen-Aufstellen. Waren allerdings die Welt des schönen Scheins und die raue Wirklichkeit in den *Ratten* noch deutlich geschieden, wenn auch im Verhalten der Personen die Grenzen bereits fließend waren, so gehen die beiden Welten im *Herbert Engelmann* ineinander auf.

---

11 Peter Sprengel: *Die Wirklichkeit der Mythen*, S. 302

12 Peter Sprengel: *Geschichte der deutschsprachigen Literatur 1900–1918. Von der Jahrhundertwende bis zum Ende des Ersten Weltkrieges*. Münchet: C. H. Beck, 2004, S. 522

13 C. F. W. Behl: *Zwiesprache mit Gerhart Hauptmann. Tagebuchblätter*. München: Verlag Kurt Desch, 1948, S. 67

2.1 Entstehung und Quellen

2. Textanalyse und -interpretation

2.1 Entstehung und Quellen

Das Stück hat eine „außerordentlich komplizierte ... Entstehungsgeschichte"[14], die sich aber auf die Jahre 1909 und 1910 konzentriert. Die **ersten Ansätze** zu den *Ratten* lagen in den achtziger Jahren und betrafen Hauptmanns Schauspielunterricht bei dem ehemaligen Straßburger

Schauspielunterricht

Theaterdirektor Alexander Heßler (1833–1900), der in Berlin (Franzerkaserne in der Alexanderstraße, Nähe Jannowitzbrücke) Privatunterricht gab. Hauptmann ließ sich vom Winter 1884/85 bis zum Mai 1886 unterweisen. Er hat mehrfach beschrieben, wie Heßlers Fundus „auf dem Boden einer alten Kaserne" (CA VII, 1046) aufbewahrt wurde. Nachweisbare Erlebnisse Hauptmanns wurden, wie bei ihm üblich, verarbeitet. Die Geschichte des Pferdes, das seinen Huf in der Luft hält, bis die gestürzte Frau gerettet wurde (48), steht im Tagebuch von 1905: „Eine alte Dame wird überfahren. Das Pferd hält den Huf so lange in die Höhe, bis die alte Dame hervorgezogen ist. Die Menschen schreien Hurra und füttern den Gaul mit Brot, das sie aus einem Bäckerladen in der Nähe holen."[15] Am 16. Dezember 1905 notierte er: „Der Soldat ‚Sorgenfrei' hat sich erschossen."[16] Das ging – Sorgenfrei hat sich im Stück erhängt – in den 3. Akt der *Ratten* ein (65, 70 f.) und bekam eine dramaturgische Funktion: Es öffnete die Handlung in die Welt der Majestäten, denn ‚Sorgenfrei' ist die Übersetzung von Sanssouci; so heißt das Lieblingsschloss Friedrichs II. von Preußen. Bruno stellt fest, er sei nicht in „Zangzuzih" (16) geboren worden. Das bezog sich weniger auf den Ort, mehr auf das andere soziale Umfeld, das sich mit dem Ortsnamen verband. – Auch die erwähnten historischen Ereignisse wie die Hinrichtung der „Witwe Mayer" (49) sind dokumentiert und wurden

---

14 Peter Sprengel: *Gerhart Hauptmann. Epoche – Werk – Wirkung*, S. 140
15 Gerhart Hauptmann: *Tagebücher 1897 bis 1905*, S. 454 und 678
16 Ebd., S. 459

2.1 Entstehung und Quellen

im Notizbuch 1907 vermerkt.[17] In einer frühen Fassung wird das Ereignis mit dem Zusatz, dass „noch vor kaum fünfzig Jahren, erst im Jahre achtzehnhundertsiebenunddreißig" (CA IX, 1172; vgl. S. 49 der Endfassung) die Hinrichtung erfolgt sei, mitgeteilt. Das war ein Hinweis auf die Handlungszeit um 1886.

Das zweite bestimmende Thema neben dem Schauspielunterricht war der Kindestausch, der ebenfalls in

Kindestausch

frühen, Fragment gebliebenen Texten vorhanden war. Beide Themen wurden zuerst unabhängig voneinander bearbeitet und erst zwanzig Jahre später in den *Ratten* zusammengeführt; das ergab zahlreiche Varianten des dramatischen Geschehens. Parallel dazu trug sich Hauptmann mit dem Gedanken einer Dramenreihe über Berlin: 1906 entstand das Fragment einer *Neuen Tragikomödie*, in dem sich einzelne Elemente des späteren Stückes *Die Ratten* finden: „kleine Schauspielerin, nobel vom Geliebten ausgehalten", „der Verbrecher", „heruntergekommener Schauspieler", „das angenommene Kind" u. a. (CA IX, 380). Anlass für die Gestaltung der vorgetäuschten Schwangerschaft und des Kindesraubs waren ein Prozessbericht in einer Zeitung über einen Kindestausch 1907 und der Tod des fünften Sohnes Hauptmanns 1910. –

Ein von Ratten befallenes Mietshaus hatte Arno Holz bereits 1885 in seinem *Buch der Zeit*, einer programmatischen Lyriksammlung des Naturalismus, beschrieben. Dort stand der erste Entwurf des später berühmten und sich zu einem gigantischen Werk auswachsenden *Phantasus*. Er beginnt mit den Versen: „Ihr Dach stieß fast bis an die Sterne,/vom Hof her stampfte die Fabrik,/es war die richtige Mietskaserne/mit Flur- und Leiermannsmusik!/Im Keller nistete die Ratte,/parterre gabs Branntwein, Grog und Bier,/und bis ins fünfte Stockwerk hatte/das Vorstadtelend sein Quartier."[18] Mietskasernen und ihre Bewohner gehörten zu den von den Naturalisten um 1880 neu entdeckten Themen. Hermann Sudermann

---

17 Am 2. März 1837 wurde die Witwe Meyer auf dem Gartenplatz wegen Ermordung ihres Ehemanns „von unten herauf geradebrecht". Vgl. Gerhart Hauptmann: *Tagebücher 1906 bis 1913*, S. 526.

18 Arno Holz: *Das Buch der Zeit. Lieder eines Modernen.* Zürich: Verlags-Magazin Schabelitz, 1886, S. 389

2.1 Entstehung und Quellen

verwendete in seinem Erfolgsstück *Die Ehre* (1889) den Gegensatz von Vorder- und Hinterhaus. Holz'/Schlafs *Die Familie Selicke* (1890) spielt in einer Berliner Mietskaserne. Hauptmann meinte in dem autobiografischen Fragment *Zweites Vierteljahrhundert* (1938), er habe unter „Ratten" „wohl die Literaturboheme von damals mit inbegriffen unter diesem Bilde gedacht, die hier in einem gewissen Sinne wohl nicht den Staat, aber die herrschende Literatur von damals unterminierte" (CA XI, 490). Damit bezog er, der sonst Entscheidungen scheute, die deutschnationale Position Hassenreuters, der „unser herrliches neues geeinigtes Deutsches Reich" (CA II, 779f.) durch Ratten unterminiert sah und unter Ratten Sozialdemokraten verstand. Das gehörte zu Hauptmanns Wunschbiografie, in der er sich Ende der dreißiger Jahre von seinen sozialkritischen und sozialdemokratischen Vorstellungen sowie den naturalistischen Positionen deutlich distanzierte, um bei der Naziherrschaft nicht anzuecken. Tatsächlich entstanden Hauptmanns frühe dramatische Erfolge – von *Vor Sonnenaufgang* bis zu den *Webern* – im Umkreis dieser Boheme und der Sozialdemokratie.

Die Entstehungsgeschichte der *Ratten* ist erst um 1977 gründlich recherchiert worden. Hans von Brescius hatte ein entscheidendes Dokument aus dem „Berliner Lokalanzeiger" vom 13. Februar 1907 (Nr. 79, Morgenausgabe) ermittelt.[19] Es wurde über zwei **Kindesunterschiebungen** berichtet, von denen eine dem Geschehen in den *Ratten* sehr nahe kommt: Eine kinderlose Ehefrau in Rummelsburg hatte ihrem Mann eine Schwangerschaft vorgetäuscht und dann das Kind eines Dienstmädchens als eigenes ausgegeben. Das Dienstmädchen hatte aber bereits für das Kind einen Vormund bestellt. Um den zu beruhigen, entführte die kinderlose Frau ein anderes Kind und schob es dem Vormund unter. Der Fall wurde schnell geklärt und die Frau musste wegen der zweiten Entführung eine Woche ins Gefängnis. Die kinderlosen Eheleute bekamen das Kind des Dienstmädchens schließlich zugesprochen und hingen mit großer Liebe an ihm.

> entscheidendes Dokument

---

19 Vgl. Rudolf Ziesche: *Der Fall. Zur Vorgeschichte der ‚Ratten'*, auch abgedruckt bei Peter Sprengel: *Gerhart Hauptmann. Epoche – Werk – Wirkung*, S. 141 f. und Bellmann, S. 63 f.

2.1 Entstehung und Quellen

Dieses Dokument traf auf ein bei Hauptmann bereits vorhandenes Interesse, wie das Fragment *Der Buchstabe tötet* (vermutlich 1887) belegt. Kurze Zeit nach der Zeitungsmeldung, im Juni 1907, erschien das Motiv der Kindesunterschiebung in seinem Notizbuch; am 1. Juli 1907 wurde das Stück erstmals erwähnt: „Das Drama, Comödie, der Kindesunterschiebung."[20] Im April 1909 erinnerte sich Hauptmann an die Ereignisse in Rummelsburg und diktierte am 11. August 1909 seiner Sekretärin Edith Cox ein Szenarium. Frau John, sie hieß in dem Entwurf Frau Laubschath, war 32 Jahre und Aufwartefrau; Hassenreuter trug neben diesem Namen noch den Heßlers. Der Ort war die „ehemalige Kavalleriekaserne Ecke Voltaire-/Alexanderstraße."[21] Es wurden neun verschiedene Fassungen, nach Rudolf Ziesche sechzehn Phasen der *Ratten* herausgearbeitet, die zwischen April 1909 und Oktober 1910 entstanden.[22]

Die gegensätzlichen Handlungsräume hatte Hauptmann in einem der erfolgreichsten Stücke seiner Frühzeit kennengelernt, in Hermann Sudermanns *Die Ehre*, das wie sein

Hermann Sudermanns *Die Ehre*

Vor Sonnenaufgang, im Berliner Lessingtheater uraufgeführt (*Die Ehre*: 27. November 1889, *Vor Sonnenaufgang*: 20. Oktober 1989) worden war. Sudermanns Stück war erfolgreicher als das Hauptmanns: 151 deutsche Bühnen folgten der ersten Inszenierung, die mehr als hundertmal vor ausverkauftem Hause gespielt wurde. Ein Feuilleton, in dem über *Die Ehre* gesprochen wurde, hatte Hauptmann sogar in sein Notizbuch geklebt.[23] Das Stück spielt in einem Vorder- und einem Hinterhaus des Westens („Fabrik-Etablissement" in Charlottenburg); durch Schuld und Sühne sind die beiden Häuser und zwei Familien miteinander verstrickt. Aber während noch die Vergangenheit nachwirkt, häuft sich neue Schuld in der Gegenwart an. Eine Nachbarin bringt die daraus entste-

---

20 Gerhart Hauptmann: *Tagebücher 1906 bis 1913*, S. 171
21 *Wirklichkeit und Traum. Gerhart Hauptmann 1862–1946.* Ausstellung der Staatsbibliothek Preußischer Kulturbesitz Berlin. Wiesbaden: Reichert, 1987 (Ausstellungskataloge 31), S. 180 f.
22 Charles Skinner: *The Texts of Hauptmann's ‚Ratten'.* In: Modern Philology, Chicago, 77 (1979), Nr. 2, S. 163–171; Rudolf Ziesche: *Mutter John und ihre Kinder*
23 Gerhart Hauptmann: *Notiz-Kalender 1889 bis 1891.* Hrsg. von Martin Machatzke. Frankfurt a. M., Berlin, Wien: Propyläen Verlag, 1982, S. 300 f.

2.1 Entstehung und Quellen

hende Gefahr, unter Verwendung der späteren Hauptmann'schen Metapher, auf den Punkt: „Jede Ratze (Ratte, R. B.) hat'n Kopp und'n Schwanz, und der Ratzenschwanz ist mehrschtendeels voll Jift."[24] Mehrfach wird „Ratte" im Text verwendet: Der Spruch der Nachbarin wird wiederholt, es gibt ein goldenes Götzenbild in Form einer Ratte, eine Prostituierte, die dazu noch die Schwester des moralisch integren Helden ist, wird als Ratte bezeichnet[25]. In beiden Häusern fehlen moralische Hemmungen, wie sie auch in den *Ratten* nicht vorhanden sind. In Personenkonstellationen gibt es Ähnlichkeiten: Hauptmanns Hassenreuter hatte einen Vorläufer in Sudermanns Graf von Trast-Saarberg. Beide sind Gescheiterte, die zu neuen Ehren kommen; im Stück sind sie Räsoneur[26] und Chorführer in einem. Der Schluss beider Stücke ist unterschiedlich: Aus dem ursprünglich tragisch angelegten Ende bei Sudermann entstand eine glückliche Lösung, in der nur die Ehrlosen zurückstehen müssen. Aus dem ursprünglich fast heiter-komischen Kindestausch bei Hauptmann wurde ein tragischer Schluss, da der Tod des einen Kindes und die Vereinsamung des anderen Kindes – „einer von aller Welt verlassenen Waise" (139) – darauf deutet, dass es keine Zukunft – Kinder sind das Symbol derselben – geben kann.

Es fallen auch Ähnlichkeiten der *Ratten* mit August Strindbergs *Gespenstersonate* (1907, Uraufführung 22. 1. 1908) auf.

August Strindbergs
Gespenstersonate

Hauptmann war ein kritischer, aber engagierter Beobachter des schwedischen Dichters, den er zwar wegen seiner Frauenfeindlichkeit angriff, aber als Dramatiker bewunderte. Vier Monate vor Strindbergs Tod 1912 nannte er ihn eine „der markantesten Persönlichkeiten unserer Epoche", verglich ihn mit Prometheus und Veland, dem Schmied, und begeisterte sich: „Strindbergs Flüge in den

---

24 Hermann Sudermann: *Die Ehre*. Stuttgart: Verlag der J. G. Cotta'schen Buchhandlung, [20]1898, S. 9, 12

25 Ebd., S. 45

26 Dass Trast-Saarberg diesen aus dem französischen klassizistischen Schauspiel stammenden Typ verkörpert, war Kritikern und Publikum bereits beim Erfolg des Stückes klar. Vgl. Heide Eilert: *Hermann Sudermann: Die Ehre*. In: Dramen des Naturalismus. Interpretationen. Stuttgart: Reclam, 2005, S. 52

2.1 Entstehung und Quellen

eisigen Weltenraum und sein Hinabsteigen in die Abgründe bieten meinem Geist noch immer das sowohl gefährlichere als erhabenere Schauspiel dar, und seine Abenteuer sind die verwegeneren." (CA VI, 916 f.) Auf die Beziehungen zu Strindberg wurde mehrfach hingewiesen.[27] Ohne auf die *Ratten* einzugehen, wurde von einer Wissenschaftlerin unterstellt, dass Hauptmann „vom Anfang seines eigenen Schaffens an über das Werk des schwedischen Dichters unterrichtet gewesen sein muss"[28].

Das Kammerspiel *Gespenstersonate* dürfte Hauptmann angeregt haben: Der Student Archenholz hat sich beim Einsturz eines Hauses als Lebensretter bewährt und wird nun vom Direktor Hummel, einem Wucherer mit krimineller Vergangenheit, für seine Pläne genutzt. Dazu gehört die Vernichtung einer Familie, deren Tochter sein Kind ist. Archenholz verliebt sich in diese Schönheit. Beim „Gespenstersouper" werden zurückliegende Verbrechen Hummels enthüllt. Hummel wird in den Tod geschickt; Archenholz verzichtet auf die schöne Frau, weil sie „krank (ist) von Anbeginn, vom Quell des Lebens her!"[29] Das Haus, das Archenholz für ein Paradies hielt, „fault ... Auch hier ist etwas verfault!"[30] – Das Stück spielt im Parterre und der ersten Etage eines luxuriösen Mietshauses, das Verfallserscheinungen zeigt; in den Wohnungen leben Hochstapler, mumifizierte und lebensunfähige Menschen. Die Hauptgestalt Direktor Hummel, der auf das Unglück anderer spezialisiert ist, ist Hassenreuter ähnlich. Die Menschen haben alle Geheimnisse, die sich meist mit Verbrechen oder unmoralischem Verhalten verbinden. Alles vereinigt sich in dem einen Haus. Statt Schillers *Braut von Messina* wird Richard Wagners *Walküre* ein künstlerischer Kontrast; Strindberg hatte in diesem berühmten Kammerspiel zudem Beethovens *Gespenstersonate* (d-moll-Sonate op. 31, 2) vor Augen. In beiden

---

27 Vgl. Peter Sprengel: *Gerhart Hauptmann. Epoche – Werk – Wirkung*, S. 177

28 Jenny C. Hortenbach: *Freiheitsstreben und Destruktivität. Frauen in den Dramen August Strindbergs und Gerhart Hauptmanns*. Oslo, Bergen, Tromsö: Universitetsforlaget, 1965 (Germanistische Schriftenreihe der norwegischen Universitäten und Hochschulen, Nr. 2), S. 203

29 August Strindberg: *Gespenstersonate. Der Pelikan*. Stuttgart: Philipp Reclam jun. (Universal-Bibliothek Nr. 8316), 1995, S. 46

30 Ebd., S. 45

2.1 Entstehung und Quellen

Stücken, den *Ratten* und der *Gespenstersonate*, sind Mietshäuser Abbilder von Welt und liegen dicht beim Schauhaus, dem Leichenhaus. In Hauptmanns *Ratten* ist die Piperkarcka am Ende dort angekommen: „... det se in Schauhaus liecht, det is sicher." (129) In Strindbergs Stück gerät der Weg durch die Welt zur Höllenfahrt, sie sei Christi „Wanderung hier auf Erden, sein Leidensweg durch das Irrenhaus, das Zuchthaus, das Leichenschauhaus dieser Erde"[31] gewesen. – Die Werke unterscheiden sich in den Wirklichkeitsausschnitten; Strindbergs Werk sucht die Symbolik des Verfalls, verfaulende Typen und das gleichnishafte Exempel, und so verlieren die meisten Personen z. B. ihre Namen und einige sind von vornherein stumm. Es ist „Strindbergs unheimlichste Dichtung, ein Symbol für eine verwesende und sich auflösende Gesellschaft, deren Handlung und Stimmung an E. T. A. Hoffmann erinnert."[32] Hauptmanns *Ratten* konzentrierten sich auf eine nachprüfbare Wirklichkeit, aber auch seine Figuren verstummen sehr oft.

Zuerst trugen die *Ratten* unter anderem die Titel *Mutter John, Mutter Johns Kindbett* oder *Das Rattennest*. Im Juli 1909 erschien der Titel *Die Ratten* im Notizbuch, um im Januar 1910 den Titel *Der Storch beim Maskenverleiher* zu bekommen.[33] Damit wurde auf die Geburt des Kindes im Fundus Hassenreuters angespielt. Otto Brahm, Hauptmanns Freund und Theaterdirektor, akzeptierte den Titel nicht. Das Stück endete in dieser Fassung mit dem Tod der John, die zuvor von Quidde, so hieß Spitta in dieser Fassung, zur „tragische(n) Märtyrerin im blinden Getriebe des Schicksals" (CA IX, 1180) erhoben wurde. Für das Kind, das beide Mütter verloren hat, finden sich freundliche Menschen, es „soll keine Not leiden" (CA IX, 1180). Der Kritiker Isidor Landau (1850–1944), Chefredakteur des „Berliner Börsen-Couriers", meinte, nur der Titel *Mütter* würde dem Stück gerecht.[34]

---

31 Ebd., S. 46 f.
32 Rüdiger Bernhardt: *August Strindberg*. München: Deutscher Taschenbuch Verlag, 1999, S. 137
33 Brahm, Otto; Hauptmann, Gerhart: *Briefwechsel 1889–1912*, S. 231
34 Vgl. Hugo Fetting (Hrsg.): *Von der Freien Bühne zum Politischen Theater*. Drama und Theater im Spiegel der Kritik. Leipzig: Reclam, 1987 (Universal-Bibliothek Nr. 1140), Bd. 1, S. 413

2.1 Entstehung und Quellen

Hauptmann schwankte, ob er Frau John in den Tod schicken oder in Wahnsinn verfallen lassen sollte. Im August 1910 lag eine Überarbeitung vor, in der Frau John in den Wahnsinn fiel, wie es schon einmal in einer früheren Fassung der Fall war. Zunehmend verstärkt wurde Frau Johns Muttertrieb. Erst im Juli 1910 wurde als Grund für Frau Johns Muttertrieb der Tod des ersten Kindes – des „Adelbertchens", das an der „Bräune", einer Halserkrankung, starb – aufgenommen. Noch in einer kurz zuvor entstandenen Fassung war die Ehe der Johns „kinderlos" (CA IX, 1169). Der Grund für die Veränderung war der Tod von Hauptmanns nur zwei Tage zuvor geborenem Sohn Gerhart Erasmus am 9. Mai 1910. Der Dichter beschrieb im Tagebuch die Betroffenheit der Mutter wie ein „Psychogramm der Mater dolorosa"[35], aus dem er eine Berliner Variante entwickelte, mit der er Henriette John ausstattete.

Am 20. September 1910 entschloss sich Hauptmann zu einer Neufassung des Schlusses: „Da Brahm das Werk im November bringen will, muss die Redaktion, oder Neuschrift, bald geschehen! Möglicherweise reisen wir wieder nach Portofino, wo ich, wie ich sicher weiß, Arbeitsruhe habe."[36] Am 30. September war er bereits in Portofino, ab 24. Oktober hielt sich der Dichter in Sestri Levante (bei Genua) auf. Am 10. Oktober 1910 hatte Hauptmann die Arbeit an dem Stück beendet. Das beim Polizeipräsidium eingereichte Manuskript enthielt zwei Varianten der letzten Szene. Eine verstärkte den mythischen Charakter: Hassenreuter sagt zu Spitta: „... wir haben das Haupt der Gorgo gesehen! Wer hätte der John so etwas zugetraut." Als Spitta antwortet: „... mir sagt ein unbestimmtes Gefühl, dass dieser kleine Friedensstörer jetzt erst, in der John, seine wahre Mutter verloren hat.", antwortet ihm Hassenreuter: „Sie werden ihr kein Verdienstkreuz auswirken, und wäre das Kind auch der leibhaftige Eros, Moses oder Dionysos."[37]

---

35 Peter Sprengel: *Die Wirklichkeit der Mythen*, S. 301
36 Brief an seinen Sohn Ivo vom 20. IX. 1910. In: *Gerhart Hauptmann. Leben und Werk*. Ausstellungskatalog. Katalog Nr. 10. Marbach: Schiller-Nationalmuseum, 1962, S. 175
37 *Gerhart Hauptmann. Leben und Werk*. Ausstellungskatalog. Katalog Nr. 10. Marbach: Schiller-Nationalmuseum, 1962, S. 176

2.1 Entstehung und Quellen

Die Uraufführung fand am 13. Januar 1911 statt; es war das letzte Drama Hauptmanns, das Otto Brahm, der von den 21 Stücken Hauptmanns bis 1911 siebzehn uraufführte, auf die Bühne brachte. Hauptmann hat sich mehrfach mit dem Gedanken beschäftigt, Berlin in einer Dramen-Reihe zu verarbeiten. Das war durchaus zeitgemäß, denn Berlin zum Thema einer Reihe von Kunstwerken zu machen, hatten manche seiner Zeitgenossen vor. *Die Ratten* wurde der einzige Beitrag Hauptmanns zu diesen Vorhaben, allerdings ein entscheidender. Der Dichter war sich dieser Bedeutung bewusst und verglich sich, nicht unbescheiden, mit Balzac, der solches für Paris versucht, und Dickens, der London thematisiert hatte.[38]

Das Stück variiert das weltliterarische Thema vom Streit zwischen biologischer und falscher Mutter, wie es durch das Urteil Salomos bekannt geworden ist. Auf dieses Thema weist die Schlussvariante, die verworfen wurde und in der die John als „wahre Mutter" (vgl. S. 30 der vorliegenden Erläuterung) bezeichnet wird. Es ist damit auch eine Variation der Kreidekreis-Geschichte um ein Kind, auf das mehrere Mütter Anspruch erheben. Darauf wird

> Variation der Kreidekreis-Geschichte

mehrfach im Stück verwiesen, zuletzt wird vom „Richter in Israel" (139), gemeint ist Salomo und sein salomonisches Urteil (s. S. 76 f. der vorliegenden Erläuterung), gesprochen. Die Zeitgenossen vermerkten den Zusammenhang zwischen dem Stück und dem von König Salomo geschlichteten Mütterstreit: „Der leidenschaftliche Streit zweier unglücklicher Mütter um ein sterbendes Kind, der eine der bewegtesten Szenen bildet, gemahnt an den Mütterstreit, den König Salomo weise entschied. Hier sind wir freilich nicht bei Königen zu Gast."[39] Der Konflikt wird nicht gelöst, sondern hebt sich auf, weil die wirkliche Mutter ermordet wird und die vorgebliche Mutter sich aus dem Fenster stürzt. Die negativste Möglichkeit tritt damit ein.

---

38 C. F. W. Behl: *Zwiesprache mit Gerhart Hauptmann. Tagebuchblätter.* München: Verlag Kurt Desch, 1948, S. 161

39 Isidor Landau am 14. Januar 1911 im Berliner Börsen-Courier. Abgedruckt in: Hugo Fetting (Hrsg.): *Von der Freien Bühne zum Politischen Theater.* Drama und Theater im Spiegel der Kritik. Leipzig: Reclam, 1987 (Universal-Bibliothek Nr. 1140), Bd. 1, S. 414

2.2 Inhaltsangabe

Erster Akt

Im Dachgeschoss und auf dem Dachboden einer verwahrlosten Mietskaserne, ehemals eine Kavalleriekaserne im Osten Berlins (s. S. 60 der vorliegenden Erläuterung) – Alexanderplatz und Markthallen sind in der Nähe (9) –, hat der ehemalige Theaterdirektor Hassenreuter seinen Theaterfundus untergebracht, den er aus seinem Ruin in Straßburg gerettet hat und mit dem er einen Kostümverleih betreibt. Da der Boden von Ratten bevölkert ist, leidet auch sein Fundus. Hassenreuter gibt auch Schauspielunterricht. Jette (Henriette) John, die Frau des Maurerpoliers John, hält diese Räume in Ordnung; sie hat sich dort mit dem hochschwangeren polnischen Dienstmädchen Pauline Piperkarcka verabredet. Pauline, stellungslos und vom Kindsvater verlassen, ist vollkommen verzweifelt und will sich umbringen. Frau John will ihr, da das eigene Kind gestorben ist, das kommende Kind abhandeln („erst ma hundertdreiundzwanzig Mark", 13) und es dann als ihr eigenes Kind aufziehen. Während des Gesprächs kommt Frau Johns viel jüngerer Bruder Bruno Mechelke dazu, der auf dem Dachboden Mausefallen aufstellen will. Er ist ein Mensch von schlichtem Denken, animalischem Aussehen, unheimlich und angsteinflößend, dabei voller krimineller Energie, die Frau John durchaus nutzen würde („Jnade Gott, wo ick Brunon hetze und der ma hinter een hinter is!", 11). Bruno warnt; er hat Geräusche im Haus gehört. Die Piperkarcka geht auf den Oberboden, Bruno folgt. Hassenreuters Tochter Walburga, noch keine sechzehn, „hübsch und unschuldig" (16), wollte sich mit dem jungen Theologiestudenten Spitta, der ihr Privatstunden gibt – in einem Fragment ist von Englisch, Französisch und Literaturstunden die Rede (CA IX, 1153) –, treffen, sieht sich nun überrascht und bittet Frau John, dem Vater nichts zu sagen. Als Hassenreuter naht, muss auch sie auf den Oberboden. – Hassenreuter kommt mit dem Hofschauspieler Jettel, dem er ein Kostüm versprochen hat. Im Krach trennen sich beide;

2.2 Inhaltsangabe

Hassenreuter hat keine Zeit. Er hat sich mit seiner Geliebten, der Schauspielerin Alice Rütterbusch, verabredet. Alice berichtet von einem Zusammentreffen mit dem Fürsten Chlodwig zu Hohenlohe-Schillingsfürst, der 1885 Statthalter (26) im „Reichsland" Elsass-Lothringen wurde. Gemeinsam seien sie dem Kaiser begegnet und durch den Statthalter habe sie erfahren, dass Hassenreuter wieder als Direktor nach Straßburg zurückkehre. Sie werden durch Spitta gestört; Alice muss verschwinden; sie geht in die Bibliothek. Spitta will von Hassenreuter wissen, ob er sich zum Schauspieler eigne. Obwohl der das verneint, bleibt Spitta bei seinem Vorhaben. Hassenreuter bringt Spitta hinaus. Walburga verlässt voller Angst vor Bruno und Unverständnis dem gegenüber, was sie erlebt hat, den Dachboden: Sie hat nicht erkannt, dass Pauline Wehen hat; zudem hat sie erfahren müssen, dass ihr Vater ein Verhältnis mit Alice hat. Pauline bringt ihr Kind zur Welt (32) und wird von Frau John unterstützt. Hassenreuter kommt zurück und geht zu Alice.

Zweiter Akt

Wenige Tage später – es ist immer noch „Ende Mai" (35; vgl. 8) – lebt in der „sauberen und gepflegten", aber dürftigen und einfachen Wohnung der Johns im zweiten Stock der Mietskaserne Frau John mit ihrem Mann und dem gemeinsamen Kind, das sie während seiner Abwesenheit – er arbeitet als Maurer in Altona (erst 1937 nach Hamburg eingemeindet) und kommt höchstens einmal monatlich nach Berlin – am 25. Mai zur Welt gebracht haben will. In das Familienidyll dringt Selma Knobbe, Tochter der suchtkranken Sidonie Knobbe, mit ihrem sterbenskranken Bruder, ebenfalls einem Säugling, ein. Die John duldet das kranke Kind nicht, um „ihr" Kind nicht anzustecken. John will nicht, dass der Säugling wie der vor drei Jahren verstorbene Sohn, der nur acht Tage alt wurde, Adelbertchen genannt wird. Frau Hassenreuter besucht Mutter und Kind. Frau John schildert ihr die Vorzüge ihres Mannes. Es wird deutlich, dass sie ihn mit dem Kind fest an sich binden will, hatte dieser doch an Auswanderung gedacht (40). Frau Hassenreuter bringt einen

2.2 Inhaltsangabe

Soxhlet-Kinder-Milchapparat, der früher für Hassenreuterkinder gebraucht wurde, jetzt aber nicht mehr benötigt wird. Hassenreuter kommt hinzu, beglückwünscht zu „deutschnationale(m) Menschenfleisch" (42) und erklärt den „Milchapparat" (44). Gleichzeitig verkündet er sein politisches Programm, das auf Bismarck ausgerichtet ist. Hassenreuters Schüler erscheinen als die „Könige aus dem Morgenlande" (45). Nur Spitta, der inzwischen Schüler bei Hassenreuter geworden ist, fehlt; er hilft einer verunglückten Frau, die vor ein „Paar Omnibuspferde" (48) gestürzt war. Er hat in ihr eine Bewohnerin der Mietskaserne erkannt. Dem Kinde wird gratuliert, die Gäste trinken auf seine Gesundheit. John erklärt, sich nun in Berlin, beim Bau des neuen Reichstags, eine Arbeit suchen zu wollen. Frau John enthüllt, dass die verunglückte Frau „die Knobben is" (48), die „trinkt und allerhand Kundschaft hat" (49). Sie wohnt im gleichen Gang den Johns gegenüber. Während Hassenreuter und seine Schüler zum Unterricht, John zu seinem Meister gehen, erklärt Spitta Walburga, dass er Schauspieler werden wolle, dass sein Vater deshalb nach Berlin komme und sie Probleme bekommen werden.

Die fröhliche Gratulation wird abgelöst vom drohenden Verhängnis: Die Piperkarcka kommt; Frau John entlässt Spitta und Walburga auf die Straße. Zuerst verleugnet die John das Kind und schlägt die Piperkarcka, dann will sie Pauline umgarnen. Die Piperkarcka möchte der John das Geld für das Kind zurückzahlen und ihr Kind sehen. Die Situation eskaliert. Als Pauline erzählt, sie habe das Kind auf dem Standesamt gemeldet, Frau John als Pflegemutter angegeben und am nächsten Tage sehe ein „Herr von de Vormundschaft" (60) nach dem Kinde, ist die John am Ende, „abwesend", „geistesabwesend" (60). Das steigert sich bis zum „hilflose(n) Ausdruck schwerer Bewusstlosigkeit" (61).

Dritter Akt

Die Handlung des Aktes ist vielschichtig und außerordentlich verwickelt. Sie schwankt zwischen Schauspielprobe und Tribunal. Im Dachgeschoss probt Hassenreuter mit seinen Schülern Schillers *Die*

34   2. Textanalyse und -interpretation

2.2 Inhaltsangabe

Braut von Messina. Während sie Schillers Verse chorisch sprechen –
was in der Gestaltung und in diesem Raum lächerlich wirkt –, setzt
Hassenreuter sie nochmals prosaisch um und schafft so, ohne es zu
wollen, den Übergang vom klassischen Stück in die Berliner Alltäglichkeit, den Übergang vom Komödienhaften ins Tragische, von der
Königsebene zur untersten sozialen Ebene. Neu in die Handlung
tritt Quaquaro ein, „Vizewirt oder Hausmeister" (62). Hassenreuter
vermisst „mehrere Kisten mit Kostümen" (64) und hat merkwürdige
Dinge gefunden, die sogar eine „Mordgeschichte" (65) vermuten lassen. Die Gegenstände wurden wahrscheinlich bei der Niederkunft
der Piperkarcka benötigt, z. B. ein Federbett („Plumeau", 64) und
ein Nachttopf („unaussprechliche Scherbe", 64). Nachdem Spitta als
2. Chor Schiller-Verse zitiert hat, kommt es zum ästhetischen Streitgespräch zwischen ihm und Hassenreuter: Während Spitta die Positionen des Naturalismus vertritt – natürliches Sprechen statt Rheto-
rik, zufälliger Wirklichkeitsausschnitt statt Handlungskonstruktion,
Gleichheit aller Menschen vor Kunst und Gesetz statt Ständehie-
rarchie –, bekennt sich Hassenreuter konsequent zur klassischen
Ästhetik in ihrer zugespitztesten Form, in der sie bereits in den Klas-
sizismus umschlägt. Der Streit geht unentschieden aus und endet
mit dem parodistisch veränderten Schluss aus Heinrich von Kleists
Prinz Friedrich von Homburg: Aus „In Staub mit allen Feinden Bran-
denburgs." (5. Akt, 11. Auftritt) wird „In den Staub, in den Staub, in
den Staub mit euch!" (70). Unabhängig davon erklärt Hassenreuter
die zentrale Metapher – Ratten – und bezieht sie auf Spitta, den naturalistischen Propheten, allerdings nicht auf den Kunsttheoretiker,
sondern auf den Politiker[40]: Spitta sei eine „Ratte", die „unser herrliches neues geeinigtes Deutsches Reich" (70) unterminiere und „die
Wurzeln des Baumes des Idealismus" (70) abfresse.

Frau John, „mit unnatürlicher Blässe" (70), kommt mit Quaquaro vom Dachboden. Er meint, Obdachlose hätten dort genächtigt.
Außerdem hat er in einem schwedischen Reiterstiefel ein Kinder-

---

40 Zeitgenossen bezogen Hassenreuters Ausfall gegen die Rattenplage auf die „ewig nörgelnden
    Naturalisten" (Julius Bab: *Gerhart Hauptmann und seine besten Bühnenwerke*. Berlin und Leip-
    zig: Franz Schneider Verlag, 1922, S. 159).

2.2 Inhaltsangabe

fläschchen, frisch benutzt, gefunden. Die Hauptperson, Frau John, verabschiedet sich für einige Tage; sie will zu ihrer Schwägerin aufs Land (71). Der Akt geht ohne sie weiter. Quaquaro erzählt von Wuchergeschäften der John. Er weiß auch um die Zukunft des Hauses, aus dem mehrere Parteien „rausjeschmissen" (72) werden. Nach seinem Abgang beschreibt ihn Hassenreuter als ein willfähriges Subjekt der Mietskasernenpächter. – Als es klingelt, hofft Hassenreuter auf die Geliebte Alice Rütterbusch. Die Anwesenden müssen in den Nebenräumen verschwinden. Aber es kommt Spittas Vater, der Pastor Spitta. Er hat Sorgen wegen seines Sohnes, den er in Berlin, das er mit Sodom vergleicht, und wegen des Schauspielstudiums moralisch gefährdet sieht. Hassenreuter fühlt sich als „ein Mann von Ehre" (75) angegriffen, zumal er vor kurzer Zeit erst den Luther, also einen Kollegen des Pastors Spitta, gespielt habe. Er erklärt jedoch, dass dieser Beruf für „schwache Charaktere" (75) gefährlich sei. Pastor Spitta, der keinerlei Verständnis für seinen Sohn hat, sieht eine Ursache für dessen Verirrung in der Fehlorientierung der „wissenschaftliche(n) Theologie" (76), die Gott und Jesus natürlich und entwicklungsgeschichtlich im Sinne Darwins erklären wollten (D. F. Strauß, Ernest Renan), und in „anderen Verführungen" (76) Berlins (Bars, Prostitution, „nackte Schauspielerinnen", „Nuditäten" usw.; 77). Pastor Spitta glaubt den „Weltuntergang" (77) vor sich. Er sieht seinen Sohn sich im „Schmutz" eines „Nähmädchen(s)" oder einer Kellnerin wälzen (78). Tatsächlich handelt es sich bei dem Bild der Freundin seines Sohnes, das er Hassenreuter zeigt, um Walburga. Pastor Spitta verlangt, Hassenreuter solle seinem Sohn den Schauspielunterricht verweigern. Nach dem Abgang des Pastors schickt Hassenreuter Spitta hinterher und verbietet seiner Tochter den Umgang mit Spitta. Aber sie erwähnt Hassenreuters Geliebte Alice und Hassenreuter lenkt ab. Er will zum Unterricht zurückkehren. Als seine Schüler mit dem 1. Chor aus der *Braut von Messina* fortfahren (81), bringt Spitta die Piperkarcka und Frau Kielbacke, eine Pflegemutter vom „Landeskindererziehungsheim" (85), die einen Säugling bei sich haben. Sie sind auf der Suche nach der John, in deren Wohnung sie diesen verwahrlosten Säugling gefunden ha-

2.2 Inhaltsangabe

ben, von dem die Piperkarcka glaubt, es sei ihr Kind. Hassenreuter sagt ihr, dass dieses Kind nicht das ist, was er bei der John mehrfach gesehen hat. Der Polizist Schierke stößt auf der Suche nach dem gestohlenen Kind der „Restaurateurswitwe Knobbe" (86) dazu. Auch die kommt, gibt sich vornehm und erscheint nach der Regieanmerkung „nicht von schlechter Abkunft" (88). Sie erzählt ausführlich aus ihrem Leben: ihre adlige Herkunft, ihr Fehltritt, Paris, ihre Ehe mit einem „brutalen Menschen" (89) und ihr Kind von einem „blutjunge(n) Leutnant" (90). Dieses Kind könnte von der hochadligen Familie des Vaters entführt worden sein, um keine Ansprüche der Knobbe entstehen zu lassen. Während sich die Knobbe und die Piperkarcka um das Kind streiten, stirbt es. Die Besucher verlassen Hassenreuters Fundus.

Vierter Akt

Der Maurer John, der gerade aus Altona gekommen ist, erklärt Quaquaro, seine Frau sei seit acht Tagen mit dem Jungen bei seiner Schwester in Hangelsberg. John kündigt die Wohnung; sie wollen zum 1. Oktober „in ’ne bessre Jejend ziehn" (94). Quaquaro erzählt, was sich in den letzten Tagen im Haus zugetragen hat, und erkundigt sich nach Bruno, den man im Zusammenhang mit der verschwundenen Piperkarcka suche. Spitta kommt, fragt bei John nach Walburga und versucht gleichzeitig, Geld zu leihen, weil er sonst von der Zimmerwirtin gepfändet werde. John versucht, Selma, die zugibt, den Kinderwagen selbst in die John'sche Wohung geschoben zu haben, auszuhorchen, die aber „jar keene Ahnung" (99) haben will. John lädt Spitta zum Frühstück ein. Als John mit Selma in deren Wohnung geht, um von deren Mutter mehr zu erfahren, erscheint Walburga, die sich zu Spitta flüchtet. Beide erzählen sich, wie sie im Streit mit ihren Vätern auseinandergegangen sind. Walburga hat außerdem eine gerichtliche Vorladung bekommen. – Frau John kommt „sehr gehetzt" (106) mit dem Kind. Ihre Reden sind düster und verstört; Walburga, der die John unheimlich wird, veranlasst Spitta, mit ihr zu gehen. John kommt zurück, kümmert sich

2.2 Inhaltsangabe

um das Kind und erzählt seiner Frau von Quaquaros Fragen nach Bruno. Frau John ist von Ängsten gepeinigt, wirkt abwesend und sorgt sich, ihr Mann würde sie verlassen. Die John spricht von ihrer Brautzeit und fragt ihn, ob er mit ihr und dem Kind nach Amerika auswandern würde. Daraufhin sieht John sich von „Jespenstern" (111) umgeben und will eine Erklärung, was während seiner Abwesenheit geschehen ist. Frau John fühlt sich „zujrunde jerichtet" (112). Da erscheint „katzenartig leise" (112) Bruno. John droht, ihn zu erschießen, aber er geht, nachdem seine Frau sich zu ihrem Bruder bekennt. – Als John gegangen ist, fordert Bruno Geld. Er hat inzwischen die Piperkarcka „bißken jefiege" (115) gemacht; sie wird nicht wiederkommen. Frau John hatte Bruno gebeten, ihr die Piperkarcka vom Halse zu schaffen. Es stellt sich heraus, dass Bruno das Mädchen getötet hat. Er will ins Ausland fliehen und lässt seiner Schwester ein Hufeisen zurück: „Det bringt Glick! Ick brauche ihm nich." (118) Die John bleibt zurück: „Ick bin keen Merder!" (118)

Fünfter Akt

Walburga und Spitta finden Frau John schlafend, Brunos Hufeisen in der Hand. Gottesdienst und Militärmusik weisen auf Sonntag hin, den gleichen Tag wie im vierten Akt. Gegensätzlich zu dieser Stimmung und dem Glücksbringer „Hufeisen" ist die Situation: Die Mietskaserne ist von Polizei umstellt. Walburgas Angst nimmt Spitta nicht ernst: „Du siehst ja Gespenster" (119). Frau Hassenreuter erscheint und ist glücklich, ihre Tochter gesund zu treffen, hatte die doch in einem Brief gedroht, ins Wasser zu springen. Hassenreuter ist wieder zum Theaterdirektor in Straßburg ernannt worden und hat inzwischen mit den Vorbereitungen für den Umzug nach Straßburg begonnen. Den jungen Leuten gegenüber und „jeder wirklich vernünftigen Äußerung" (124) Spittas gegenüber verspricht er aufgeschlossen zu sein. – Frau John ist inzwischen erwacht; sie hat wirre Träume von ihrem verstorbenen ersten Sohn gehabt und wirkt wie im Wahn („starrt um sich", 123). Hassenreuter möchte von Frau John Aufschluss über die „niederträchtige" Pressekampagne (124),

2.2 Inhaltsangabe

die gegen ihn veranstaltet wird, sowie über an ihn gerichtete bos-
hafte Briefe haben: Auf seinem Dachboden sei „ein neugeborenes
Kindchen gefunden worden" (125). John kommt mit der Nachricht,
die Polizei suche Bruno wegen Mordes an der Piperkarcka. Auch
hat er erfahren, dass seine Frau nicht in Hangelsberg war, sondern
sich an der Spree herumgetrieben hat. Die John verrät stückweise
die Wahrheit. John verliert die Fassung und beschreibt einen allgemeinen Verfall: „Allens unterminiert, von Unjeziefer, von Ratten
und Mäusen zerfressen!" (130) Als John droht, mit dem Kind zu
seiner Schwester zu gehen, schreit ihn die John an, es sei nicht sein
Kind. Selma wird von John einer dringlichen Befragung unterzogen
und gesteht, das Kind der Piperkarcka vom Boden zu Frau John getragen zu haben und dass die John gar kein Kind habe. John wendet
sich von seiner Frau ab, die ihm ihre Verachtung nachruft: „Du bist
nich mein Mann!" (137) Quaquaro und ein Schutzmann kommen,
um das Kind ins Waisenhaus zu bringen. Als Frau John droht,
sich und das Kind umzubringen, und mit dem Kind fliehen will,
verhindert Hassenreuter gemeinsam mit Spitta, dass sie das Kind
mitnimmt. Frau John flieht. Frau Hassenreuter und John erkennen,
dass die John zutiefst verzweifelt ist; John, Selma und Schierke eilen
ihr nach, während sich Herr und Frau Hassenreuter sowie Spitta
um das Kind kümmern. Spitta erinnert an den „Richter in Israel"
(139), den König Salomo und den Streit zweier Frauen um ein Kind.
Hassenreuter will sich „vielleicht ... des Kindchens annehmen"
(140), weil es sonst zugrunde gehen würde. Hassenreuter und Spitta
stimmen überein, dass „hier ein wahrhaft tragisches Verhängnis
wirksam gewesen ist" (140). Die John stürzt sich aus dem Fenster.[41]
Selma bringt die Nachricht, sie liege tot auf der Straße.

---

41 Auf diese Todesart weist Paul Schlenther: *Gerhart Hauptmann. Leben und Werke.* Berlin: S. Fischer Verlag, 1922, S. 255 hin. In einer früheren Fassung des Stückes heißt es: „Frau John ist
oben, drei Stock hoch bei der Brandleiter aus dem Fenster gesprungen."(CA IX, S. 1180) Bei
Peter Sprengel: *Gerhart Hauptmann. Epoche – Werk – Wirkung,* S. 142 und anderen wird vom
„Tod unter dem Omnibus" gesprochen.

2.3 Aufbau

Die Urteile über den Aufbau des Stückes waren unterschiedlich bis gegensätzlich. Hauptmanns Freund Paul Schlenther fand es „schwach, hart, ungefügig gezimmert ..., mit buckelnden Anbauten und weitläufigen Nebenbauten. Um Jette John herum stehn viele, zu viele Figuren. Nicht von jeder führt eine sichtbare Linie nach dem Mittelpunkt."[42] Fasst man aber Jette John nicht als Hauptgestalt

Mietskaserne als Zentrum

auf, sondern sieht die Mietskaserne als Zentrum, erscheint der Aufbau des Stückes vollkommen. Es entspricht einmal den strengen **Regeln der aristotelischen Dramaturgie**; die fünf Akte entsprechen den Teilen Exposition (Einführung), Steigerung, Höhepunkt und Umschlag, fallende Handlung und Katastrophe. Andererseits lassen sich beide Handlungen in der Dichte des Milieus und der „Zufälligkeit" der Ereignisse, vor allem beim Zusammentreffen der Personen, auch als naturalistisches Stück beschreiben.

Das Stück beginnt mit einem ausführlichen Prosatext (7 f.), weitere folgen (16, 19, 34 f.). Sie sind ein typisches naturalistisches Merkmal: Die **Grenzen zwischen den Gattungen** wurden fließend und die Regieanmerkungen verselbstständigten sich zum Prosatext. Sogar handelnde Personen („man") gibt es in der Prosa, die im Stück keine Bedeutung haben: „Man kann, bei dem ungewissen Licht, im Zweifel sein ..." (7). Dagegen gesetzt werden klassische Bühnenvorgänge: Es handelt sich um Zitatmontagen aus Friedrich Schillers *Die Braut von Messina*, einem nach aristotelischen Regeln streng gebauten Stück der Klassik, in dem die klassischen Prinzipien auf ihren Ursprung in der Antike zurückgeführt werden. Zwischen den episierenden Teilen eines naturalistisch organisierten Schauspiels und den Zitatmontagen eines konsequent klassischen Stückes, das gegen jeglichen Naturalismus geschrieben wurde, entsteht die Spannung. Wie schon in den *Webern* verzichtete der Dichter auf einen einzelnen Helden; an seine Stelle treten die Mieter der Kaserne, an die Stelle des Einzel-

---

42 Paul Schlenther: *Gerhart Hauptmann. Leben und Werke.* Berlin: S. Fischer Verlag, 1922, S. 255

2.3 Aufbau

helden der **Gemeinschaftsheld.** Für Berthold Viertel, der das Stück
1952 am Wiener Burgtheater inszenierte, war „der Held des Stückes
das Berlin von damals ..., oder vielmehr dieses bestimmte Vorder-
haus, ehemalige Kaserne, mit seinen Menschen und mit seinen
Ratten"[43]. Dadurch musste im szenischen Geschehen, das nicht so
geradlinig wie in den *Webern* verlief, diese Gemeinschaft ständig in
Bewegung bleiben, um die Handlung zu organisieren, was zu kons-
truierten Auf- und Abgängen der Personen und zu abenteuerlichem
Versteckspiel führte. Das könnte kritisch gemeint sein, ist aber auch
als Versuch zu verstehen, „den ruhelosen Geist dieses Hauses, in
dem eigentlich niemand eine Heimat hat und alles Leben Gemeingut
scheint"[44], szenisch umzusetzen. Hauptmann hatte entsprechende
Erlebnisse während seines Studiums 1884/85 in Berlin: Er wohnte
im verrufenen Rosenthaler Viertel. „Man war beinah kein Einzelner
mehr, sondern war in den Volkskörper, in die Volksseele einbezogen.
Man erlebte hier weniger sich als das Volk und war mit ihm ein Puls,
ein und dasselbe Schicksal geworden." (CA VII, 1026)

Um Parallelität der Handlungen und
Stücktypen zu erreichen, bemühte sich
Hauptmann, die Gleichzeitigkeit unter-
schiedlicher Vorgänge auszuweisen. Sowohl Bruno als auch Alice
Rütterbusch treffen den Kaiser (11, 26); in der Gleichzeitigkeit werden Unterschiede deutlich. Bruno folgte der Wachparade, Alice fla-
nierte mit einem Fürsten. Extreme der sozialen Stellung werden so
punktuell im gleichen Erlebnis zusammengezogen. Bei Wachparade
und Kaiserauftritt treffen sich alle Schichten.

> Parallelität der Handlungen
> und Stücktypen

Der sich entwickelnden Handlung, die einige Male ihre Konstrukti-
on erkennen lässt, wenn Personen die Bühne verlassen müssen, die
nicht mehr gebraucht werden, wird **eine metaphorische Ebene**
unterlegt, die sowohl die grauenvollen Verhältnisse in der Mietskaserne als auch die schrecklichen Ereignisse signalisieren:

---

43 Berthold Viertel: *Schriften zum Theater.* Berlin: Henschelverlag Kunst und Gesellschaft, 1970,
    S. 69
44 Julius Bab: *Gerhart Hauptmann und seine besten Bühnenwerke.* Berlin und Leipzig: Franz
    Schneider Verlag, 1922, S. 162 f.

2.3 Aufbau

- Als John auf dem Standesamt über die Geburt keine genaue Auskunft geben kann und deshalb gerügt wird, sagt er ironisch, die Geburt könne seinetwegen „uff'n Oberboden bei de Ratten und Mäuse jewesen" (36) sein und weiß nicht, dass er damit richtig liegt.
- Als Selma über ihre Situation klagt, droht sie: „Ick spring' zum Fenster raus" (38) und weiß nicht, dass sich diese Ankündigung bald erfüllen wird, nur nicht für sie.
- John will nicht, dass das Kind den Namen des verstorbenen Sohnes trägt, „Det dut nich jut" (39), und weiß nicht, dass das Unglück bereits droht.
- Frau Hassenreuter findet verblüffende Ähnlichkeiten zwischen dem Kind und dem vermeintlichen Vater (42) und weiß nicht, dass es ein fremdes Kind ist.
- Hassenreuters Schüler vermuten hinter den gefundenen Utensilien auf dem Dachboden eine „Mordgeschichte" (65) und wissen nicht, dass es eine Lebengeschichte, eine Geburt, war, die den Mord an der Piperkarcka nach sich zieht.
- John meint im Spaß, seine Frau könnte ein Kind stehlen (96), und weiß nicht, dass sie tatsächlich ein Kind gestohlen hat.
- Bruno erklärt, „Heute morjen halb viere hätt' se det Jlockenläuten noch heeren jekonnt." (116), und teilt damit die Ermordung Paulines mit.

Die Dialoge sind durchweg doppelbödig, „alles ist in eine Ironie des Lebens getaucht, die zwar der Dichter, vielleicht auch noch sein Publikum, nicht aber die Gestalten selbst durchschauen"[45].

Theater im Theater

Eine besondere Funktion im Stück hat der 3. Akt: Hier wird Theater im Theater gespielt; dabei geht es um mehr als um die Verwendung von Schiller-Zitaten.[46] Zu unterscheiden dabei ist, dass Theater einmal wirklich

---

45 Benno von Wiese: *Wirklichkeit und Drama in Gerhart Hauptmanns Tragikomödie ‚Die Ratten'.* In: Schrimpf, S. 306

46 Vgl. Uwe Vormweg: *Die verstoßene Tochter. Zum Schiller-Zitat in Gerhart Hauptmanns ‚Die Ratten'.* In: Literatur und Leben. Festschrift für Helmut Scheuer, hrsg. von Günter Helmes u. a. Tübingen: Gunter Narr Verlag, 2002, S. 161–172

2.3 Aufbau

Theater ist (Hassenreuter), das andere Theater aber als Wirklichkeit erscheinen möchte (John). Die beiden personalen und räumlichen Ebenen werden als eine textliche Konfrontation umgesetzt. Darin wird detailliert beschriebene und zeitlich genau zu fixierende Wirklichkeit mit künstlerischer Überhöhung kontrastiert. Das wird zu Beginn des 3. Aktes besonders auffallend: Im verstaubten und mit Ablagen vollgestellten Dachgeschoss unter einem zugerümpelten Dachboden huldigen „mit gewaltiger Pathetik" Hassenreuters Schüler mit Versen aus Friedrich Schillers *Die Braut von Messina* einer „prangende(n) Halle", der „Herrscher fürstliche(n) Wiege", dem „säulentragende(n) herrliche(n) Dach" (62). Der Kontrast wird noch offensichtlicher, wenn man Schillers Ortsangabe liest: „Die Scene ist eine geräumige Säulenhalle, auf beiden Seiten sind Eingänge, eine große Flügeltüre in der Tiefe führt zu einer Kapelle."[47] Ein heroisches Spiel findet in einer abgewirtschafteten, verkommenen (fiktiven) Wirklichkeit (*Die Ratten*) statt. Eine „Umwertung des klassisch-antiken Geschlechterfluchs"[48] kann man, wenn man will, sehen: Die pathetischen Chöre aus heroischer Vergangenheit werden von Hassenreuter konsequent in zeitgemäße Prosa mit ironischem Unterton übersetzt: „Pause! Punkt! Sie drehen doch keinen Leierkasten!" usw. (62 ff.); sie gehen nahtlos in eine tragische Geschichte der Gegenwart über, den Kampf zweier Mütter – Piperkarcka und Knobbe – um ihr Kind. Spittas kunsttheoretische Auffassung, „ein Barbier oder eine Reinmachefrau aus der Mulackstraße" könne ebensogut „ein Objekt der Tragödie sein ... als Lady Macbeth und König Lear" (68), wird im Zusammenfall von Bühnengeschehen (*Die Braut von Messina*) und fiktiver Wirklichkeit (*Die Ratten*) bestätigt. Hauptmann führte Schillers Theorie fort: Hatte sich laut Schiller die „alte Tragödie" „nur mit Göttern, Helden und Königen" abgegeben, musste der „neuere Tragiker" „die moderne gemeine (allgemeine, R. B.) Welt" poetisch so verwandeln, dass sie wieder die Größe der

---

47 Friedrich Schiller: *Die Braut von Messina*. In: Schillers Werke. Nationalausgabe. 10. Band, hrsg. von Siegfried Seidel. Weimar: Hermann Böhlaus Nachfolger, 1980, S. 21

48 Friedhelm Marx: *Schiller ganz anders. Gerhart Hauptmanns Spiel mit der Weimarer Klassik in der Tragikomödie ‚Die Ratten'*. In: Zeitschrift für deutsche Philologie Bd. 115, Sonderheft „Klassik modern", Berlin: Erich Schmidt Verlag, 1996, S. 122–136, hier: S. 134

2.3 Aufbau

„alten Tragödie" erreichte.[49] Hauptmann (Spitta) setzte fort, dass auch seine gegenwärtige Welt, nun wirklich mit Zügen des „Gemeinen", die Tradition des Tragischen nahtlos weiterführte.

Die Verwendung der Chöre Schillers in Hauptmanns Tragikomödie kann als „Parodie"[50] gesehen werden, aber ebenso lässt sich die Kontinuität von Grundsituationen seit der Klassik bis in die Gegenwart ableiten. Die Gemeinsamkeiten zwischen Schillers und Hauptmanns Stück sind größer als auf den ersten Blick erkennbar.

> Gemeinsamkeiten zwischen Schillers und Hauptmanns Stück

In beiden geht es um Mutterliebe und Kindesentführung, in beiden finden zu diesen Themen öffentliche Verhandlungen statt: bei Schiller in der Öffentlichkeit der Chöre in der „Säulenhalle", bei Hauptmann in der Öffentlichkeit der Chöre und Mietskasernenbewohner im „Dachgeschoss". Die Handlungen gehen kontinuierlich ineinander über: Als Hassenreuters Schüler deklamieren „Ich, der Vernünftige, grüße zuerst" (81) und der Vers folgen würde „Sei mir willkommen", erscheinen Spitta, Piperkarcka und Frau Kielbacke mit einem Säugling auf der Szene.

Darüber hinaus gibt es eine wesentliche Übereinstimmung. Der Chor erklärt die Feindschaft der Brüder, die zum Mord führt, und ihre Leidenschaft für die gleiche Frau, die ihre Schwester ist, mit dem allgewaltigen Schicksal: „Wie der Seher verkündet, so ist es gekommen,/Denn noch niemand entfloh dem verhängten Geschick."[51] Den gleichen Gedanken leitete Hauptmann aus seinen Studien in Griechenland ab und variierte ihn seit der Griechenland-Reise 1907 fortwährend; es war die Zeit der ersten Skizze der *Ratten*. Im *Griechischen Frühling* (1908) hatte er das Tragische bestimmt „und zwar als die schaudernde Anerkennung unabirrbarer Blutbeschlüsse der Schicksalsmächte: keine wahre Tragödie ohne den Mord, der zugleich wieder jene Schuld des Lebens ist, ohne die sich das Leben

---

49 Friedrich Schiller: *Die Braut von Messina*. In: Schillers Werke. Nationalausgabe. 10. Band, hrsg. von Siegfried Seidel. Weimar: Hermann Böhlaus Nachfolger, 1980, S. 11

50 Peter Sprengel: *Literatur im Kaiserreich. Studien zur Moderne*. Berlin: Erich Schmidt Verlag, 1993, S. 135

51 Friedrich Schiller: *Die Braut von Messina*. In: Schillers Werke. Nationalausgabe. 10. Band, hrsg. von Siegfried Seidel. Weimar: Hermann Böhlaus Nachfolger, 1980, S. 113

2.3 Aufbau

nicht fortsetzt, ja, der zugleich immer Schuld und Sühne ist" (CA VII, 79). Hauptmanns Iphigenie ging 1941 in *Iphigenie in Delphi* in den Tod, weil die Götter es so bestimmten: „... geschehen ist/der Götter Ratschluss." (CA III, 1090).

Wenn auf den „heftigen Konflikt" zwischen der „klassische(n) Pathetik" und „Spittas naturalistischem Stil"[52] im 3. Akt verwiesen wird, so ist zu ergänzen, dass Hauptmann auch einem Rat Schillers in seiner Einführung in *Die Braut von Messina* folgte. Schiller hatte dort die Verwendung des Chores damit begründet, durch den Chor „die moderne gemeine Welt in die alte poetische"[53] zu verwandeln. Dass er sich in seinem Vorwort auch gegen den „Naturalismus in der Kunst" wandte und diesem mit der Einführung des Chores „offen und ehrlich den Krieg ... erklären"[54] wollte, hat mit Spittas naturalistischen Thesen allerdings nichts zu tun.

Möglicherweise hat sich der Gegensatz von klassischer und naturalistischer Kunst auch in einer Gegenüberstellung entsprechender Werke im Text der *Ratten* niedergeschlagen, die Hauptmann als intuitiv gestaltendem Dichter „unterlaufen" sein kann, also nicht konstruiert wurde. Es lassen sich durch Verweise, Nennungen und Gestalten im 3. Akt zwei Gruppen erkennen, die zu unterschiedlichen ästhetischen Positionen gehören:

---

52 Julius Bab: *Gerhart Hauptmann und seine besten Bühnenwerke.* Berlin und Leipzig: Franz Schneider Verlag, 1922, S. 158

53 Friedrich Schiller: *Die Braut von Messina.* In: Schillers Werke. Nationalausgabe. 10. Band, hrsg. von Siegfried Seidel. Weimar: Hermann Böhlaus Nachfolger, 1980, S. 11

54 Ebd.

2. Textanalyse und -interpretation

2.3 Aufbau

Schiller *Die Braut von Messina* (62 ff.)
Aristoteles *Poetik* (69)

Lessing *Hamburgische Dramaturgie* (68)	Shakespeare *Hamlet* („Gründlinge", 67)
Diderot *Das Theater des Herrn Diderot* (68)	Shakespeare *Macbeth* (68)
Georg Büchner *Woyzeck* („Barbier", 68)	Shakespeare *König Lear* (68),
Dostojewski *Schuld und Sühne* (67)	Kant *Kritik der praktischen Vernunft* („die sittliche Weltordnung", 68)
Ibsen *Gespenster* (70 u. ö.)	Goethe *Götz von Berlichingen* (68)
Hans Herrig *Luther* (75)	Schiller *Die Räuber* (7 f., „den jungen Schiller", 68)
Julius Hart *Der Sumpf* (91)	Schiller *Die Jungfrau von Orleans* („Höhen der Menschheit", 68), *Wallenstein* („Pappenheimsche Kürassiere", 7 u. ö.)
Bleibtreu *Größenwahn* (67)	Freytag *Journalisten* (73), *Technik des Dramas* („mit Schiller und Gustav Freytag ... im Gegensatz" 68)
Nietzsche *Der Wille zur Macht* („Wille zum Blödsinn", 67)	Kleist *Prinz von Homburg* („In den Staub ...", 70)

Gerhart Hauptmann *Die Ratten*

Die hier kontrastierten Gruppen gehen im Gespräch zwischen Spitta und Hassenreuter ineinander über und werden von beiden Seiten vertreten. Keine der Positionen wird verabsolutiert, sondern sie erscheinen gleichermaßen berechtigt. Es ist das für Hauptmann typische Verfahren, sich zwischen Gegensätzen nicht zu entscheiden, sondern beide anzuerkennen, wie er es 1891 auf die Frage nach der Zukunft der deutschen Literatur tat:

„Himmel   Erde
Ideal   Leben
Metaphysik   Physik
Abkehr   Einkehr
Prophetie   Dichtung
zwei Lager;
Wird das eine fett, wird das andere mager."[55]

---

55 Curt Grottewitz: *Die Zukunft der deutschen Literatur* (1892). In: Erich Ruprecht (Hrsg.): Manifeste des Naturalismus 1880–1892. Stuttgart: J. B. Metzlersche Verlagsbuchhandlung 1962, S. 263

2.3 Aufbau

Das bedeutet, dass in den *Ratten* sowohl Spittas als auch Hassenreuters ästhetische Positionen anerkannt werden. Das bedeutet auch, dass Hauptmann in Spitta und in Hassenreuter zwei Varianten des eigenen Denkens gestaltete.

Einander bedingende Seiten eines Gegensatzes gehörten zum Ensemble der Hauptmann'schen Gestaltungsmittel und reichten bis in Formulierungen wie „Nu jaja! – Nu nee nee!" (*Die Weber*). In den *Ratten* wird eine bemerkenswerte Beziehung und Umkehrung eingerichtet. Die Pappenheimer sind in Schillers *Wallensteins Tod* ehrbewusst, heldenhaft und todesmutig, der Tragödie angemessen. Der mit ihnen verbundene Ausspruch „Daran erkenn' ich meine Pappenheimer" hat in der umgangsprachlichen Verwendung eine heitere und spaßige, teils auch abwertende Bedeutung bekommen. Hauptmann benutzte diese für die Pappenheimer in den *Ratten;* deshalb sagt Pastor Spitta auch mit Blick auf Hassenreuters Pappenheimer: „... ich stellte mir Schiller ganz anders vor!" (74). Aus dem tragischen Satz – die Pappenheimer stürzen sich schließlich kämpfend in den Tod – wurde das heitere Bonmot (8, 74). Die Medusa dagegen war eine fürchterliche mythische Gestalt; sie hatte in Schillers Trauerspiel *Braut von Messina* ihren angemessenen Platz und erscheint dort auch (66). Aber Medusa (CA IX, 1173) und Gorgo[56] wurden, mindestens in Fassungen vor der Endfassung der *Ratten*, auf Frau John übertragen, die auf Grund ihrer sozialen Stellung allenfalls in die Komödie gehörte und keine mythische Bedeutung hat. Nun aber bekommt sie diese. Auch hier erfolgte also eine Umwertung: Pappenheimer und Medusa haben ihre ursprüngliche Zuordnung grundsätzlich verändert.

Hassenreuter ist für den Ablauf der Handlung der **Räsoneur**[57], der als Kommentator und Interpret der Ereignisse vor allem in Komödien auftritt, dabei aber Angehöriger dieser zusammengewürfelten Gesellschaft ist. In ihm ist einerseits ein Rest des antiken Chores erhalten, andererseits wird er zur Präfiguration des Kommenta-

---

56 „... wir haben das Haupt der Gorgo gesehen! Wer hätte der John so etwas zugetraut." (sagt Hassenreuter zu Spitta, vgl: *Gerhart Hauptmann. Leben und Werk*. Ausstellungskatalog. Katalog Nr. 10. Marbach: Schiller-Nationalmuseum, 1962, S. 176)

57 Vgl. Robert Petsch: *Wesen und Formen des Dramas. Allgemeine Dramaturgie*. Halle: Max Niemeyer Verlag, 1945 (Deutsche Vierteljahrsschrift für Literaturwissenschaft und Geistesgeschichte. Buchreihe, 29. Band), S. 426

2. Textanalyse und -interpretation

2.3 Aufbau

tors im epischen Theater. Aber Hassenreuter trägt auch Züge des naturalistischen „Boten aus der Fremde". Dieser „Bote" war für die naturalistische Dramatik wichtig geworden, da sie von einem scheinbar zufälligen Wirklichkeitsausschnitt ausging. Um die dort vorhandenen stabilen Beziehungen in Bewegung zu bringen und überhaupt ein dramatisches Geschehen zu ermöglichen, musste eine Figur von außen in diese Beziehungen eingreifen. In den *Ratten* verteilt sich diese Aufgabe auf die Piperkarcka, Bruno und Hassenreuter. Sie alle wohnen nicht in der Mietskaserne; Hassenreuter hat dazu die größte Distanz. Nur sein Fundus ist dort untergebracht, das begründet seine Funktion als Räsoneur; er wohnt mit seiner Familie im bürgerlichen Westen und kommt von dort als „Fremder" in die Mietskaserne. Er bringt die dortigen Verhältnisse, wie sein Erscheinen im 1. Akt nachdrücklich beweist, in Bewegung (19 ff.). Eine ähnliche Doppelfunktion als Räsoneur und „Bote" hatte der Direktor Hummel in Strindbergs *Gespenstersonate*.

Tendenz zum Epischen

Kritiker haben auf die Tendenz zum Epischen hingewiesen und begründeten das mit dem fehlenden Helden und der dafür wirkenden Schicksalsmacht einer Berliner Mietskaserne, die an Handlungsorte Zolas erinnere.[58] Verstärkt wird dieser Eindruck dadurch, weil sich wesentliche Ereignisse hinter und außerhalb der Bühne vollziehen und nicht über Botenberichte eingebracht werden, wie es im Drama üblich ist. Andeutungen müssen oft genügen. Das betrifft die Geburt des Kindes auf dem Dachboden, den Mord an der Piperkarcka und den Selbstmord der John. Aber auch kleinere Handlungen ereignen sich außerhalb des Bühnengeschehens: die Liebesszenen zwischen Spitta und Walburga, die erotischen Begegnungen zwischen Hassenreuter und der Rüttersbusch usw. Parallel zu der Tragikomödie entstanden zwei der großen Romane Hauptmanns, *Der Narr in Christo Emanuel Quint* (1910) und *Atlantis* (1912). Diese Nachbarschaft der epischen Werke dürfte ebenso Einfluss auf den Charakter des Stücks gehabt haben wie der ursprüngliche Plan, eine Reihe von Dramen über Berlin zu schaffen.

---

58 Vgl. z. B. Julius Bab: *Gerhart Hauptmann und seine besten Bühnenwerke*. Berlin und Leipzig: Franz Schneider Verlag, 1922, S. 162

2.4 Personenkonstellation und Charakteristiken

Es gibt einmal die handelnden Personen des Stückes; es gibt zum anderen Personen, die genannt werden, auf die man sich beruft usw. Beide Gruppen bilden das soziale Profil des Mietshauses, das gleichzeitig das Bevölkerungsspektrum der Reichshauptstadt Berlin und des Deutschen Reiches ist. Die handelnden Personen stellen einen gesellschaftlichen Querschnitt dar, der vom Lumpenproletariat (Bruno) über das Proletariat „mit kleinbürgerlicher Tendenz"[59] (die Familie John) und die bürgerliche Intelligenz (die Familien Hassenreuter und Spitta) bis zur gescheiterten Aristokratie (Knobbe) reicht. Der Zerfalls- und Vernichtungsprozess, der diese Familien betrifft, korrespondiert mit der verbreiteten Weltuntergangsstimmung der Vorkriegszeit und der daraus entstehenden expressionistischen Lyrik um 1910.

Kaiser Wilhelm I.
Fürst Statthalter, Polizeipräsident von Madai, Prinz Ruprecht,
Garderittmeister, Pastor
Theaterdirektor, Kandidat der Theologie, Hofschauspieler
Meister, Maurerpolier, Schutzmann, Soldat
Maurer, Dienstmädchen, Hausmeister, Reinemachefrau, Tischler,
Mäntelnäherin[60], Zigarrenarbeiterin, Pflegemutter (Engelmacherin)
Verbrecher, Süchtige, Prostituierte, (Gespenster, Geister)

Soziale Schichtung der im Stück agierenden oder genannten Personen

---

Henriette John,
genannt Jette, ist eine Proletarierin über die „Mitte der Dreißig" (8); eine andere Rechnung lässt sie 31 Jahre sein (sie ist 12 Jahre älter als Bruno [43], der wiederum 19 [10] ist). Sie stammt aus Rüdersdorf, östlich von Berlin; ihre Eltern sind aus Brückenberg in Schlesien

---

59 Kaufmann, S. 58
60 Auch Leontine, die Tochter der Wolffen im *Biberpelz*, will nach Berlin gehen, um Mäntel zu nähen (CA I, 487).

2.4 Personenkonstellation und Charakteristiken

zugewandert. Nach dem Tod der Eltern hat sie ihren wesentlich jüngeren Bruder großgezogen; nach wie vor sorgt sie sich um die Gräber ihrer Eltern und zeigt damit Verantwortungsbewusstsein. Um die Piperkarcka von ihrer Redlichkeit zu überzeugen, erzählt sie davon (12). Auch ihre Wohnung in der Mietskaserne zeichnet sich im Gegensatz zu dem Dachboden durch Ordnung und Sauberkeit aus. Der Wunsch nach einem Kind ist Teil der Sehnsucht nach einem erfüllten Leben und einer stabilen Familie; dabei geht ihr Blick in Richtung Kleinbürgertum. Bereits in dem Wunsch liegen tragische Elemente, denn Frau John kann, wie es scheint, keine eigenen Kinder mehr bekommen. Ihr erstes Kind Albert ist vor drei Jahren im Alter von nur acht Tagen (39, 40) an der Bräune (Diphtherie) gestorben. Ihre Tragik entsteht aus der Verwendung von Methoden, mit Betrug zu diesem Leben zu gelangen. Sie verfügt über kriminelle Energie, so wenn sie ihrem Bruder androht, ihn „kalt" zu machen: „Denn bist du 'ne Leiche!" (16), und betätigt sich auch als wuchernde Pfandleiherin. Ihre Schuld reicht von Erpressung bis zur Mitschuld am Tod der Piperkarcka. Sie ist einerseits rechtschaffen und mütterlich, andererseits versucht sie, ihre Rechtschaffenheit durch Bruch der Gesetze durchzusetzen. „Das Tragische ihres berechtigten Lebensanspruches wird durchkreuzt vom Gemeinen ihres Handelns; ihr Weg ist in jedem Fall heillos."[61] So läuft ihr Schicksal mit unerbittlicher Konsequenz und ohne Korrekturmöglichkeit ab. Als sie zu Beginn des Stückes ihrer Mütterlichkeit gerecht werden und ihrer Ehe Erfüllung geben will, indem sie ein uneheliches Kind abzukaufen und zu unterschlagen versucht, setzt sie einen Mechanismus in Gang, der erst mit ihrem Tod zum Stillstand kommt. Sie nimmt sich am Ende das Leben; in einer früheren Variante ver-

moderne Todes- und Rachegöttin

fällt sie in Wahnsinn. Wahnsinn, der sich als Bewusstlosigkeit oder Abwesenheit äußert, sah man als den Ausdruck des göttlichen Mysteriums und der schicksalsbestimmenden Mächte an. Wahnsinn und Dichtung standen im naturalistischen Verständ-

---

61 Kaufmann, S. 57

2.4 Personenkonstellation und Charakteristiken

nis dicht nebeneinander und Hauptmann hielt „Wahn ... wichtiger für uns Menschen als Wahrheit" (CA VI, 1001). Aus der Putzfrau und Ehefrau eines Maurers wird zunehmend eine moderne Todes- und Rachegöttin.

Paul John

ist Maurerpolier (9), also Vorarbeiter, in Altona. Er kommt nur selten nach Hause. – Geheiratet hat er Henriette 1872, nachdem er aus dem Krieg (1870/71) gekommen war, in dem er mit dem Eisernen Kreuz ausgezeichnet wurde. Er hat keinen Zweifel, dass seine Frau das Kind geboren hat. Nun kündigt er in Altona und will am Reichstag arbeiten, bei dem Fundamente gemauert werden. Auch will er mit seiner Familie in eine bessere Wohnung umziehen. Zeitweise hat er sich, wie viele junge Arbeiter, mit dem Gedanken getragen, nach Amerika auszuwandern. Seine Einstellung ist inzwischen eher sozialdemokratisch geworden, nachdem er 1872 königstreu war. Hätte er damals einen künftigen Sohn für König und Vaterland in den Krieg geschickt (111), so ist er heute nicht mehr „wilde druff", seinen Sohn als „Kanonenfutter in Krieg" (111) zu verheizen. Er spricht von seinen Maurern als „Jenossen" (44), was in der Zeit des Sozialistengesetzes (1878–1890) mutig ist. Auch wird er von Spitta auf Bebel und Liebknecht angesprochen (101). Der Entwicklung um seine Frau steht er verständnis- und hilflos gegenüber. Die Probleme seiner Frau
haben ihn nie wirklich interessiert.

verständnis- und hilflos

Pauline (Paula) von Piperkarcka aus Skorzenin

ist ein junges polnisches stellungsloses Dienstmädchen, das von einem Instrumentenmacher (10), der auf Arbeitsuche in die Stadt gekommen ist, verführt wurde. Er heiratet schließlich eine „Karussellbesitzerswitwe" (139) und will von dem Kind nichts wissen. In ihrer Verzweiflung äußert sie, sich in den Landwehrkanal stürzen zu wollen (10, 57) oder das Kind umzubringen (57). Mit dem unehelichen Kind der Piperkarcka wird ein wichtiges Thema der Zeit aufgenommen. Die ledigen Mütter finden das besondere Interesse

2.4 Personenkonstellation und Charakteristiken

der sozialkritischen Schriftsteller, die damit an ein Thema des Sturm und Drang direkt anknüpften. Hauptmann hat neben den *Ratten* das Thema auch in *Rose Bernd* aufgenommen. Die Piperkarcka vereint

entscheidende Aspekte der Deklassierten

in sich entscheidende Aspekte der Deklassierten: Sie steht auf der sozial untersten Stufe als Dienstmädchen, genießt als Polin keine Anerkennung und gerät als ledige Mutter in Verruf. Es ist Hauptmanns Leistung, daraus weder eine verworfene Frau noch ein sentimentales Mitleid auslösendes Wesen geschaffen zu haben. Sie ist vielmehr ein Mensch, der seine Widersprüche lebt und sie auszuhalten versucht: Sie kämpft um ihren Liebhaber und ist bereit, das Kind aufzugeben; aber sie ist auch so viel Mutter, dass sie dieses Kind schützen möchte, vor allem dann, wenn sie es „zujrunde jerichtet" (83) glaubt. Das dringend benötigte Geld, das sie von Frau John für das Kind erhalten hat, bringt sie ihr wieder: „Et hat mir jebrannt. Et war mich wie Schlange unter Kopfkissen ..." (55). – Oft ist zu lesen, Piperkarcka wohne in der Mietskaserne. Dafür findet sich kein Beleg. Pauline lebt bei einer Wirtin (9). Frau John hat sie am Alexanderplatz (9, 56) aufgrund ihres Zustandes angesprochen, da Frau John auf der Suche nach einer verzweifelten Hochschwangeren war, und mit in die Mietskaserne genommen, damit Pauline ihr Kind heimlich auf dem Dachboden zur Welt bringt.

Bruno Mechelke

animalisch

ist etwa neunzehn Jahre (10). Sein Äußeres wirkt animalisch: Die Haltung ähnelt einem Affen („Große plumpe Hände hängen an langen, muskulösen Armen", 10), sein Blick dem der Ratten („schwarz, klein und stechend", 10), er bewegt sich „katzenartig" (112). Geld verdient er durch Hilfsarbeiten, lebt aber meist von seiner Schwester, die ihn wie ein eigenes Kind aufgezogen hat. Bruno verwendet die Gaunersprache, in der er sich gut auskennt. Er steht unter polizeilicher Aufsicht (43). Die Gestalt wurde erst relativ spät – in die 4. Fassung ab August 1909 – in das Stück eingeführt; er sollte das Schicksal der Piperkarcka bestimmen. Bruno, der Pauline im Auftrag seiner

2.4 Personenkonstellation und Charakteristiken

Schwester einschüchtern sollte (117), bringt sie, als sie Widerstand leistet, um.

Harro Hassenreuter

ist in seinem Denken „deutschnational" (42) und damit Bismarck-verehrer. Das ist sein Maßstab für deutsch. Er ist durch das juristi-sche Refendarexamen gefallen und danach zur Kunst gekommen. Er verwendet, um gebildet zu erscheinen, Fremdwörter und latei-nische Spruchweisheiten. Möglicherweise hat sich, so vermutet Peter Sprengel, Hauptmann dabei auch an den Theaterdirektor Otto Brahm gehalten, der in einem Brief an Hauptmann auf die-se Ähnlichkeit eingeht.[62] Hassenreuter ist einerseits bankrott und erscheint deklassiert, andererseits hat er gute Beziehungen zum Hochadel (Prinz Ruprecht, 27) und wird auch als Theaterdirektor nach Straßburg zurückkehren. – Haupt-manns Vorbild für Hassenreuter war der Schauspieler und Theaterdirektor Alexan-

> Vorbild für Hassenreuter war Alexander Heßler

der Heßler. Heßler wurde 1833 in Torgau geboren und hatte als Schauspieler in Leipzig begonnen. In einer früheren Fassung ließ Hauptmann Hassenreuter mit siebzehn Jahren aus dem Internats-gymnasium Schulpforta ausbrechen, „um in einer kleinen Schmiere in Korbetha" (CA IX, 1191) als Schauspieler auftreten. Heßler be-suchte das Conservatoire Dramatique in Paris, war in Baden und Straßburg Schauspieler, in Metz und Colmar Theaterdirektor, leitete von 1872 bis 1881 das Theater in Straßburg, dann das Residenz-theater in Hannover, ein Theater in Bremen und schließlich – er-folglos – das Königstädtische Theater am Alexanderplatz in Berlin. Heßlers Frau – der Theaterdirektor war bereits 1900 gestorben und Hauptmann sandte ein herzlich gehaltenes Telegramm – nahm an der Premiere der *Ratten* teil.[63]

Mit Vorsicht ist der Lesart zu begegnen, Hassenreuter und sein Kreis sei in dem Stück karikiert oder ironisiert worden. Haupt-

---

62 Brahm, Otto; Hauptmann, Gerhart: *Briefwechsel 1889–1912*, S. 235 f.
63 Vgl. Hugo Fetting (Hrsg.): *Von der Freien Bühne zum Politischen Theater*. Drama und Theater im Spiegel der Kritik. Leipzig: Reclam, 1987 (Universal-Bibliothek Nr. 1140), Bd. 1, S. 409

2.4 Personenkonstellation und Charakteristiken

mann hat „den die klassische Bühnentradition verteidigenden Mimen nicht als Possenfigur angelegt"[64]. Schließlich hatte Hauptmann Heßler in höchsten Tönen gelobt.[65] Zudem ließ er Hassenreuter wichtige Erkenntnisse aussprechen, so die Erfahrung mit den „Verfallssymptom(en) unserer Zeit" (42). Endlich entwickelte er 1944 Parallelen zwischen Hassenreuters Vorbild Heßler und Johann Joachim Winckelmann, dem berühmten Kunsthistoriker und Archäologen, über den Hauptmann 1939 eine Erzählung plante, die Fragment blieb: „In gewissem Sinne hat mir da die Figur des Theaterdirektors Heßler vorgeschwebt ... Ich bin überzeugt davon, dass Winckelmann so gewesen ist und vieles von der Art Heßlers an sich gehabt hat."[66] Winckelmann war bei Hauptmann aber „wie kein zweiter dem Kultus der Schönheit ergeben" und hatte „alles Hässliche, Niedrige, Verruchte zwischen Geburt und Tod grausig unter einem schwach glimmenden Hadesmonde bloßgelegt" (CA X, 450). Er, der Süchtige nach Schönheit und Hades, war, Indizien sprechen dafür, auch eine Variation des Hauptmann'schen Ichs (CA X, 669), aufgewachsen „in strohgedeckter Hütte ... Ratten, Katzen, Fledermäuse". Hauptmann stand um 1910 den Ansichten Heßlers alias Hassenreuters näher als denen Spittas.

Alice Rütterbusch

ist eine junge Schauspielerin und die Geliebte Hassenreuters. Sie ist nach Berlin engagiert worden. In ihr dürfte sich die Erinnerung an Ida Orloff niedergeschlagen haben und an die intensiven Begegnungen des Dichters mit ihr im Deutschen Theater. In dieser Konstellation ließe sich auch ein Vorbild für Nathanael Jettel erkennen; es wäre Rudolf Rittner. Damit könnte man der Beziehung Hassenreuter – Rütterbusch die Beziehung Hauptmann – Orloff unterlegen.

---

64 *Wirklichkeit und Traum. Gerhart Hauptmann 1862–1946.* Ausstellung der Staatsbibliothek Preußischer Kulturbesitz Berlin. Wiesbaden: Reichert, 1987 (Ausstellungskataloge 31), S. 179

65 Vgl. Bellmann, S. 10

66 C. F. W. Behl: *Zwiesprache mit Gerhart Hauptmann. Tagebuchblätter.* München: Verlag Kurt Desch, 1948, S. 244 f.

2.4 Personenkonstellation und Charakteristiken

Erich Spitta

Der junge Spitta trägt Züge des jungen Hauptmann; auch vertritt er dessen ästhetische Anschauungen aus den 1880er

> trägt Züge des jungen Hauptmann

Jahren, die konzentriert naturalistisch sind, und verkündet, „dass unter Umständen ein Barbier oder eine Reinmachefrau aus der Mulackstraße ebensogut ein Objekt der Tragödie sein könnte als Lady Macbeth und König Lear" (68). Er benutzt ein „Notizbuch" (69), das typische Attribut der naturalistischen Schriftsteller („Notizbuchmethode"). Conrad Alberti, mit dem Hauptmann mehrfach über Kreuz lag, hatte die berühmte Formulierung getroffen: „... als Stoff steht der Tod des größten Helden nicht höher als die Geburtswehen einer Kuh, denn dasselbe einheitliche und allgewaltige Naturgesetz verkörpert sich in diesem wie in jenem."[67] In einem Gespräch über Goethes Schauspieler-Regeln wies Hauptmann auf Spitta und erklärte: „Wie ich zu Goethes Schauspieler-Regeln stehe, kann man aus meinen *Ratten* entnehmen."[68]

Hinweise auf Autobiografisches hat Hauptmann in der Endfassung teilweise gestrichen. Sie betrafen die naturalistische Frühphase des Dichters. In einer verworfenen Fassung des 3. Aktes hat Spitta, der dort noch Quidde heißt, Bellamys *Looking Backward 2000–1887*, dt.: *Rückblick aus dem Jahr 2000 auf das Jahr 1887* Walpurga (sic!) geliehen, damit sie „in diese neuen Ideen hineinwachsen" (CA IX, 1156) kann. Fourier und Bakunin sollten folgen; Walpurga findet Bellamys „Zukunftsstaat (d. i. *Looking Backward*, R. B.)... famos" (CA IX, 1156). Hauptmann reflektierte einen Vorgang, der in den 1890er Jahren etliche der jungen Dichter beschäftigt hatte: Bellamys Gesellschaftsentwurf und die Wendung zum Anarchismus. An Bellamy schieden sich die Geister: Wer sich zu ihm bekannte, verstand sich als Sozialist; wer ihn ablehnte, war schnell als Reaktionär

---

67 Conrad Alberti: *Der moderne Realismus in der deutschen Literatur und die Grenzen seiner Berechtigung.* Vortrag, gehalten im deutschen Literaturverein Leipzig. Hamburg: Verlagsanstalt und Druckerei A. G., 1889 (Deutsche Zeit- und Streit-Fragen. Neue Folge, Jahrgang IV, Heft 52), S. 18

68 C. F. W. Behl: *Zwiesprache mit Gerhart Hauptmann. Tagebuchblätter.* München: Verlag Kurt Desch, 1948, S. 119

2.4 Personenkonstellation und Charakteristiken

verschrien. Besonders auffällig war die Hinwendung 1890 bei Peter Hille gewesen, der auch manche Ähnlichkeit mit Spitta hat.[69]

Spittas Lektüreempfehlungen sind naturalistisch orientiert: Walpurga empfiehlt er Turgenjews *Väter und Söhne*. In einer von ihm geplanten Zeitschrift sollen in jedem Heft „entweder ein Salon-Dramatiker, ein Schiller-Epigone oder ein Butzenscheiben-Lyriker totgemacht" (CA IX, 1158) werden. Das klingt nach naturalistischen Programmschriften wie den *Kritischen Waffengängen* (1882–1884) der Gebrüder Hart. Spitta und Walpurga unterscheidet von der Generation der Väter der „Sinn fürs Soziale" (CA IX, 1157).

Vater Spitta,

„ein etwas verbauerter kleiner Landpfarrer" mit einem „etwas zusammengequetschte(n), breite(n) Luthergesicht" (73), wurde im letzten Abschnitt der Entstehung, seit Juni 1910, in das Stück eingeführt. In einem Fragment bezeichnete ihn der Sohn als „alte(n) Achtundvierziger" (CA IX, 1157), also als einen Teilnehmer an der bürgerlichen Revolution von 1848, der aber nun Bismarck-Verehrer geworden sei. Er ist nicht ungebildet, kennt Schillers *Wallenstein* und interessiert sich für Waffen („... ich war im Zeughaus", 74).

rückständig und reaktionär

Aber er ist hart und unerbittlich gegen seine Kinder, rückständig und reaktionär, und verhält sich vollkommen unchristlich gegen seine Tochter (52). Allem Modernen gegenüber ist er feindlich gesonnen; damit bestätigt er Hauptmanns Bild von Geistlichen.

Sidonie Knobbe

stammt aus adligem Hause, wuchs mit Kindermädchen und englischer Erzieherin auf, wurde aber wegen eines Fehltritts, vermutlich einer nicht standesgemäßen Liebesbeziehung, von ihrem „adelsstolze(n)" (90) Vater verstoßen. Sie wurde Schauspielerin, lebte in Paris, dann in Berlin und führt ein leichtfertiges Leben, trinkt, ist

---

69 Vgl. dazu: Rüdiger Bernhardt: *„Ich bestimme mich selbst." Das traurige Leben des glücklichen Peter Hille (1854–1904)*. Jena: Verlag Dr. Bussert & Stadeler, 2004 (Jenaer Studien Bd. 6), S. 104 f.

2.4 Personenkonstellation und Charakteristiken

rauschgiftsüchtig und treibt sich auf den Straßen und in Lokalen herum, ist mehrfach vorbestraft und kennt keine Scham mehr (90). „Mädel mit zwölf" (49) schickt sie zur Prostitution. Reste ihrer Herkunft sind in ihrer Erscheinung, in Sprache und Umgangsformen noch erkennbar, so bezeichnet Spitta sie als „gutgekleidete Dame" (47), tatsächlich erscheint sie „mit stark ramponierter modischer Sommertoilette" (88). Hassenreuter dagegen rechnet sie zu „jener internationalen guten Gesellschaft ..., die man je nachdem nur reglementiert oder auch kaserniert" (48), womit er die Prostituierten meint. Die John ist wegen ihres Lebens voller Hass gegen sie, nicht zuletzt auch wegen der Kinder, die ihr verwehrt sind, und wünscht ihr „Stockhiebe, det det Blut man so spritzt" (48). Die Knobbe ist die Kontrastfigur zur John, die Mutter, die nicht mütterlich ist, zur Mütterlichen, die nicht Mutter sein kann.

> Kontrastfigur zur John

Selma Knobbe

ist die minderjährige Tochter Sidonies und durch diesen Umgang verschlagen und hinterhältig geworden. Sie muss die Versorgung ihres Bruders Helfgott Gundofried, eines Säuglings, übernehmen, mit der sie überfordert ist. Der Säugling stammt aus einem Verhältnis der Knobbe mit einem jungen Adligen aus ältestem Geschlecht (90).Von der John, die sich um Selma kümmert, wird sie während des Kindestauschs benutzt. Danach aber darf sie mit dem verkümmernden Säugling der Knobbe nicht mehr zu den Johns, um deren Kind nicht anzustecken. Bei der Aufdeckung des Kindestauschs spielt sie die entscheidende Rolle.

2.5 Sachliche und sprachliche Erläuterungen

Dialektale und altertümliche Worte können in Anbetracht des vorgesehenen Umfangs nicht erläutert werden. In einschlägigen Verzeichnissen (Duden, Fremdwörterbücher u. a.) sind Begriffe wie „Scharteken" (8, alte oder wertlose Bücher), „pomadig" (15, träge, blasiert), „Repertoire" (27, Spielplan), „Priem"(35 f.; ein Stück Kautabak) usw. mühelos nachzuschlagen.

Ratten (5): Während eingangs wirkliche Ratten gemeint sind, gegen die man Fallen aufstellen kann (11), entsteht daraus allmählich die dominierende Metapher für eine sich unaufhaltsam vollziehende Vernichtung. Sie stehen für eine dem Untergang zustrebende Gesellschaft, in der es keine Zukunftshoffnung mehr gibt. Nicht vergessen werden darf, dass die Ratte auch positive Attribute trägt, z. B. in der chinesischen Astrologie: Dort gilt sie als ehrgeizig, hart arbeitend und materiell interessiert. – Den Titel nur auf das Tier „Ratte" zu beziehen, „wäre grenzenlos töricht. Denn die Existenz dieser Tiere bekommt eine stellvertretende Bedeutung für den unterirdischen Zerstörungsprozess überhaupt"[70]. Durch dieses Symbol entsteht die dramaturgische Einheit: Alle werden mit Ratten konfrontiert, begegnen ihnen oder fühlen sich von ihnen umgeben. Indem Hauptmann die Ungeziefersymbolik verwendete, die in der zeitgenössischen Dichtung – man denke an Georg Heyms (1887–1912) *Ophelia* und *Die Tote im Wasser*, an Georg Trakls (1887–1914) *An die Verstummten* und *Die Ratten* – häufig vorkam, fand er ungewollt Anschluss an die neue Kunst und Literatur um 1910, die des Expressionismus.

Berliner (5): Wenn Hauptmann eine genaue Ortsbezeichnung gibt, versucht er, in der Gattungsbezeichnung naturalistischen Prinzipien zu entsprechen und ein „document humain" (Zola) zu schaffen. Für die Zeitgenossen klang eine soziale Orientierung an. *Michael Kramer* und *Herbert Engelmann* spielen in „Berliner Zimmern". So wurden Zimmer in Berliner Wohnhäusern genannt, die ihr Licht nicht

---

70 Benno von Wiese: *Wirklichkeit und Drama in Gerhart Hauptmanns Tragikomödie ‚Die Ratten'*. In: Schrimpf, S. 315

2.5 Sachliche und sprachliche Erläuterungen

durch architektonisch eingepasste und in Fensterfronten gegliederte Fenster bekommen, sondern von einer Hofecke durch ein Fenster, das sich in der Ecke des rechtwinkligen Raumes befindet. Das war ein Zugeständnis an die engen Bauplätze und die Ausnutzung des Raumes. Zu Beginn der neunziger Jahre des 19. Jahrhunderts wurden diese Zimmer auch außerhalb Berlins bekannt. Hauptmann charakterisierte damit mittellose Familien. Mit dieser Konnotation versehen bewegte sich eine „Berliner Tragikomödie" am unteren Rand der Gesellschaft im Gegensatz zur Tragödie.

Tragikomödie (5): Gerhart Hauptmann hatte 1901 *Der rote Hahn* als Tragikomödie bezeichnet. *Peter Brauer*, zwischen 1908 und 1910 entstanden, aber erst 1921 gedruckt, trug die gleiche Gattungsbezeichnung. – Das Heitere der Tragikomödie kommt einmal aus der Welt des Theaters, die im Dachgeschoss der Mietskaserne von Verwechslung, Liebesabenteuern und Erinnerungen lebt und eine andere Welt zur sozial bedrängten in der Mietskaserne bietet. Es ist der schöne, aber verstaubte und abgewirtschaftete Schein. Die Tragik kommt aus den sozialen Bedingungen der Realität. Die unterschiedlichen Ausschnitte sind, und das macht die Besonderheit des Tragikomischen in diesem Stück Hauptmanns aus, unterschiedlichen Räumen zugeordnet: dem Dachgeschoss und der zweiten Etage.

Ein dramaturgisches Indiz für den Übergang von der Tragödie zur Komödie wird gleich zu Beginn beschrieben: Aus dem Dachboden der Kavalleriekaserne ist der Theaterfundus für Pappenheim'sche Kürassiere geworden, von denen einer einen „ungeheuren Lorbeerkranz um den Nacken" (8) hat. Als der Dachboden noch zur Kaserne gehörte, hatte sich der Kavallerist Sorgenfrei „mit Sporen und Schleppsäbel" (65) auf dem Boden erhängt. Tragikomische Züge trägt auch der Konflikt der John: Der Wunsch nach einem Kind und ein Kind sind heiter, die Unerfüllbarkeit des Wunsches und die eingesetzten Mittel, um ihn doch zu erfüllen, sind tragisch.

Dramatis Personae (6): Die handelnden Personen gliedern sich in zwei gleich große Gruppen, von denen die eine aus Theaterkreisen, die andere aus dem Arbeitermilieu stammt. Ihre Handlungsorte sind das Dachgeschoss (1. und 3. Akt) und die 2. Etage (2., 4. und 5. Akt).

2.5 Sachliche und sprachliche Erläuterungen

ehemalige Kavalleriekaserne (7): Das sogenannte „Rattenhaus"[71] an der Alexanderstr. 10, Ecke Voltairestraße, 1770 erbaut, war zuletzt eine Kaserne der „Franzer", so wurden die nach Kaiser Franz Joseph I. von Österreich benannten Regimenter genannt. 1885 wurde die Kaserne Mietshaus.

Theaterfundus (7): Der Begriff wird auch im Zusammenhang mit dem ehemaligen Straßburger Theaterdirektor Alexander Heßler verwendet, in dessen „verstaubte(m) Fundus" (CA XI, 490) Hauptmann Schauspielunterricht nahm.

Pappenheimscher Kürassiere (7): Sie stammen aus Friedrich Schillers *Wallenstein* und werden zuerst in *Wallensteins Lager* als Respektspersonen erwähnt. Später dringen sie bei Wallenstein auf Wahrheit, was seine politischen Ziele betrifft (*Wallensteins Tod* 3. Akt, 15. Szene), befreien ihren Oberst Max Piccolomini aus Wallensteins Händen und werden von Max in einen ehrenvollen, aber sinnlosen Opfertod geführt.

Karl Moor (7 f.): rebellischer Freiheitskämpfer aus Friedrich Schillers *Die Räuber*. Die mehrfachen Wiederholungen unterstreichen die Bedeutung Karl Moors, von dem nur verstaubte Schleifen geblieben sind. *Die Räuber* gehörten zu den wenigen Stücken Schillers, die von den Naturalisten anerkannt wurden.

schwedische Reiterstiefel, spanische Degen und deutsche Flamberge (8): Der Flamberg (Flammenschwert) ist ein meist zweihändiges Schwert mit gewellter Klinge. Das Nebeneinander der militärischen Attribute europäischer Armeen erinnert an den Dreißigjährigen Krieg und an Schillers *Wallenstein*. Auch diese Erinnerungen verstauben im Fundus.

eines Sonntags, Ende Mai (8): Es ist etwa das Jahr 1886 anzunehmen; noch regiert Kaiser Wilhelm I. (bis 1888, S. 11, 26). Die Zentralmarkthalle wurde 1886 eröffnet (9). Der Grundstein für den Reichstag wurde 1884 gelegt.

---

71 So bezeichnet in der Tageszeitung *Tempo*, Berlin, vom 26. 9. 1932, abgebildet bei Rohmer, S. 46 und Nr. 70, vgl. auch: *Gerhart Hauptmann. Leben und Werk*. Ausstellungskatalog. Katalog Nr. 10. Marbach: Schiller-Nationalmuseum, 1962, S. 174

2.5 Sachliche und sprachliche Erläuterungen

Schlachtensee oder Halensee (8): Stadtteile im Westen Berlins, die gerade bebaut wurden. Der beginnende Ausbau der zukünftigen Luxusviertel im Westen zog die Ärmsten an, die obdachlos waren und die Neubauten trocken wohnen durften. Deshalb sucht Pauline ihren Verführer in dieser Gegend (s. Anmerkung zu S. 10).

Landwehrkanal (9): Zwischen 1845 und 1850 angelegt und Mitte der 1880er Jahre erweitert, um Berlin südlich zu entlasten. Er war zu jener Zeit einer der meistbefahrenen Kanäle Deutschlands.

Bräune (10): Die ältere und Volksmedizin nannte alle Erkrankungen des Rachens oder der Luftwege so, bei denen Luftnot eintrat, z. B. Angina, Halsentzündung, Diphterie.

Alois Theophil Brunner, Instrumentenmacher (10): Es ist der Name des Verführers von Pauline Piperkarcka. In einem Fragment tritt er auf und gibt an, „Instrumentenmacher aus Siedtirol" (CA IX, 1153) zu sein. Die Herkunft, die für die Zeit untypisch war, und den Auftritt der Person hat Hauptmann gestrichen, Beruf und Namen aber erhalten (10), Frau John erwähnt nebenbei, es sei „een Tiroler" (129) gewesen. Hauptmann könnte auf einen zeittypischen Vorgang angespielt haben. In den 1870er und 1880er Jahren zogen viele arme Vogtländer aus Sachsen in die Randgebiete von Berlin, wo sie auf Arbeit hofften. Darunter befanden sich Musikinstrumentenbauer, ein für das Vogtland typisches Handwerk. Brunner war und ist zudem ein im Vogtland, besonders in Klingenthal, weit verbreiteter Name. Auch Zitherspielen (57) war im Vogtland verbreitet. Es entstanden im Westen vor den Toren Berlins – in Halensee, Charlottenburg und Schlachtensee – neue Wohnsiedlungen, gedacht für wohlhabende Bürger; die Wohnungen mussten von den Ärmsten der Armen „in dem alten Voigtlande (so hieß das Gebiet, in dem die zugewanderten Vogtländer am Rande von Berlin lebten, R. B.) ... trocken gewohnt werden"[72], ehe sie vermietet werden konnten. Es scheint, als sei Piperkarckas Verführer ein solcher Vogtländer gewesen.

Kaisa Willem (11): Wilhelm I., Deutscher Kaiser 1871–1888. Bruno und Alice haben den Kaiser zur gleichen Zeit gesehen. Damit

---

72 Max Ring: *Obdachlose in Berlin* (1870). In: Günther Cwojdrak (Hrsg.): Die Gartenlaube. Berlin: Eulenspiegel Verlag, 1982, S. 28

2.5 Sachliche und sprachliche Erläuterungen

wird die Parallelität der Ereignisse angedeutet – es ist ein Mittel der Simultantechnik. Der Kaiser durchfuhr oder durchritt einmal am Tage, meist zu fester Stunde, die „Kaiserstraße" Unter den Linden. Das zu sehen galt für Besucher als Pflicht wie auch die Wachablösung, die Bruno begleitet (11).[73]

Schuberle buberle (11): Vokabeln aus der Gaunersprache für ein jugendliches Gespenst, ähnlich wie „Pinke" für Geld, „Trittlinge" für Stiefel, „barmherzige Schwester" für Hure und anderes (s. Anmerkung zu „Lampen!", 13). Wörter aus der Gaunersprache häufen sich wieder in Brunos Auftritt im 4. Akt: „Wuddel" = hin- und herfragen, „molum" = betrunken u. a.

Rüdersdorf (12): Die Eltern der John liegen in dem östlichen Vorort Berlins, nahe Erkner, begraben; es könnte eine Erinnerung an das Fragment *Der Buchstabe tötet* sein, das in der Nähe Erkners spielt.

Vitriol (12): Früher Bezeichnung für alle im Wasser löslichen schwefelsauren Salze schwerer Metalle, darunter Eisen und Kupfer. Diese in Wasser gelösten Salze sind ätzend.

Oktober vorijen Jahr (13): Die Piperkarcka steht kurz vor der Geburt ihres Kindes und entbindet Ende Mai (am Ende des 1. Aktes). Rechnet man zurück, so war das jene Zeit, als sie ihre Schwangerschaft feststellte.

Lampen! (13): Bruno verwendet den Warnruf der Diebe und erklärt seiner Schwester dessen Bedeutung.

Zirkus Schumann (14): Hauptmann hat offenbar den Zirkus besucht und dort die Attraktionen des Tierbändigers Julius Seeth gesehen, der fünfundzwanzig dressierte männliche Löwen vorführte. Bruno brachte es als dummer August immerhin auf drei Esel.[74]

Tülle (14): abwertend für „Mädchen", verwandt mit: die Tülle = kleine Rinne.

Kohlmarcht (15): Gaunersprache: kein Geld.

der Potsdamer sind (15): der Dumme sein; der Potsdamer zahlt und hat nichts davon, im Gegensatz zum Nassauer.[75]

---

73 Vgl. Winfried Löschburg: *Unter den Linden. Gesichter und Geschichten einer berühmten Straße.* Berlin: Buchverlag Der Morgen, 1976, S. 172

74 Vgl. Gerhart Hauptmann: *Tagebücher 1897 bis 1905*, S. 625

75 Vgl. Bellmann, S. 13 f.

2.5 Sachliche und sprachliche Erläuterungen

Plattmullje (15): Gaunersprache: Brieftasche.[76]

Zangzuzih (16): Sanssouci (frz.: sorgenfrei). Königliches Lustschloss bei Potsdam, Lieblingsaufenthalt von Friedrich II., dem Großen. Sommersitz Friedrich Wilhelms IV. Bruno macht den Unterschied zwischen königlicher und plebejischer Herkunft deutlich. Sanssouci fällt ein, wenn mitgeteilt wird, der Soldat Sorgenfrei habe sich in voller Montur erhängt (65, 70 f.): Obwohl wie das Schloss heißend, war er keineswegs sorgenfrei, sondern sein Leben in der Kaserne führte in den Selbstmord.

Ratten ... Dohle (16): Erstmals werden die Ratten genannt. Gleich darauf wird ein zweites Tier metaphorisch verwendet: Die Dohle ist umgangssprachlich eine hässliche Frau, auch eine Prostituierte. In diesem Kontext enthüllt sich „Ratten" als Metapher, die schließlich das Leben im Miethaus stellvertretend für die Menschheit setzt. Das bestätigt eine Tagebucheintragung aus der Entstehungszeit: „Der Mensch grassiert wie eine Plage." (vgl. S. 88 der vorliegenden Erläuterung).

Schokoladenkasten (16): Zuchthaus, die Insassen bezeichnete man wegen ihrer braunen Gefängniskleidung als Schokoladenmänner.

Rinnsteen, Rinnstein (19, 56): Das Wort war zu einem Leitbegriff geworden. Er war durch Kaiser Wilhelm II. in die Diskussion gekommen. 1901 hatte er in einer Rede die „wahre Kunst" dadurch charakterisiert, dass sie die „Pflege der Ideale" wahrnehmen müsse und nicht „in den Rinnstein niedersteige". Der daraus abgeleitete Begriff „Rinnsteinkunst" zielte auf den Naturalismus. Es entstanden, angeführt von Hans Ostwald (s. S. 80 f. der vorliegenden Erläuterung), bewusst Sammlungen von „Rinnsteinkunst" und „Rinnsteinsprache". Schriftsteller wie Günter Bruno Fuchs stellten sich bis in die Gegenwart bewusst in diese Tradition. Dass der Begriff mehr meint als einen Ort, wird in seiner Verwendung deutlich, denn Frau John würde üblicherweise für den Ort „Gosse" verwenden.

Barnimstraße hinter schwed'sche Jardinen (19): Frauengefängnis in der Barnimstraße, unweit des Handlungsortes.

---

76 Vgl. Bellmann, S. 13

2.5 Sachliche und sprachliche Erläuterungen

Zylinder nach hinten ... Frackanzug ... mit Ordensternen überdeckte Brust (19): Diese Attribute könnten darauf hindeuten, dass Hauptmann in Hassenreuter auch ein Porträt Henrik Ibsens entwerfen wollte und in dem Dachboden an Ibsens Dachboden aus der *Wildente* erinnern möchte. Unterstrichen wird diese Vermutung, als Hassenreuter sich in einem Spiegel mustert, den er in seinem Zylinder angebracht hat, (22) und sich dann sorgfältig kämmt, ein Attribut, das für Ibsen legendär geworden ist.

Sic transit gloria mundi! ... mutatis mutandis ... Fiat lux, pereat mundus! (20): 1. Stammt aus den Riten der Papstkrönung: So vergeht der Ruhm der Welt!; heute meist ironisch gebraucht. 2. mit den nötigen Abänderungen; 3. Vulgata-Fassung 1. Mose 1, 3 und Teil einer Devise Kaiser Ferdinands I.: Es werde Licht, und sollte die Welt darüber zu Grunde gehen. Der Ausspruch ist aus mehreren kompiliert worden. Alles in allem dienen diese Versatzstücke dazu, Hassenreuters „Bildung" auszuweisen.

Motten-, Ratten- und Flohparadies (20): Hassenreuters Stolz auf sein Paradies erinnert an Mephistos Selbstcharakteristik als „Herr der Ratten und der Mäuse,/Der Fliegen, Frösche, Wanzen, Läuse" in Goethes *Faust* (1. Teil, Vers 1516 f.); auch befiehlt Mephisto einem „Rattenzahn" (Vers 1513), das Pentagramm aufzunagen, damit er Fausts Studierzimmer verlassen kann.

post hoc, ergo propter hoc! (21): nach dem, also dessentwegen. Hassenreuter zitiert erneut falsch und meint, dass er von einer Audienz beim Prinzen nur Jettels wegen aufgebrochen sei, der das aber nicht zu würdigen wisse.

O Straßburg ... (22): Bekanntes Lied, auch im „Allgemeinen Deutschen Kommersbuch" als Nr. 517 enthalten. Darin findet sich der Hauptmann möglicherweise zusätzlich inspirierende Vers: „Der Vater, die Mutter, die ging'n vor's Hauptmanns Haus: ‚Ach, Hauptmann, lieber Herr Hauptmann, gebt unsern Sohn heraus!'"

reichsländischen Direktionsperiode (22): Hauptmann benutzt hier wie auch sonst vorhandene Fakten. Das Urbild Hassenreuters, Alexander Heßler (1833–1900), war von 1872 bis 1881 Theaterdirektor in Straßburg, dann in Hannover und Bremen; er ging 1884 nach Berlin und wurde 1886 nach Straßburg zurückberufen (26). Das

2.5 Sachliche und sprachliche Erläuterungen

Elsaß gehörte seit 1871 zum Deutschen Reich. – Hauptmann hatte während der Berliner Zeit bei Heßler Schauspielunterricht (CA VII, 1046). Auch andere Angaben über Hassenreuter, z. B. die finanziellen Verluste (24), wurden der Biografie Heßlers entnommen.

Pillicock ... (23): Eine Verszeile und ein Redestück Edgars, dem Sohn Glosters, aus Shakespeares *König Lear* (3. Akt, 4. Szene). Edgar stellt sich wahnsinnig. Auch das „Sessa" – Form eines Ausrufs und von Hassenreuter zur eigenen Anwendung adaptiert – stammt von Edgar (3. Akt, 6. Szene). Dieses „Sessa" wurde auch von Hauptmanns Sekretärin Edith Cox und von Otto Brahm verwendet.[77]

E nihilo nihil fit! (23): Hassenreuter zitiert erneut ungenau; es müsste statt „E" ex heißen. Auch dann wäre es noch nicht das Originalzitat; das heißt „De nihilo nihil" (Lukrez).

dieser Kretin, diese bête imbécile (24): dieser Dummkopf, dieses blöde Vieh.

I kenn' doch meine Pappenheimer. (24): Verballhorntes Zitat aus Friedrich Schillers *Wallenstein (Wallensteins Tod)*: „Daran erkenn ich meine Pappenheimer." (Vers 1871).

Hedschra (24): Übersiedlung Mohammeds von Mekka nach Medina im Jahre 622, Beginn der mohammedanischen Zeitrechnung. Hassenreuter bezieht den Begriff auf seine Übersiedlung nach Berlin, wo er vom Kostümverleih lebt.

Exzellenz ... Hoftheater (24): Von 1851 bis 1886 leitete Botho von Hülsen (1815–1886) das Königliche Hoftheater, „Exzellenz" genannt. Er war berühmt für sein Verwaltungstalent und seine Fürsorge für die Schauspieler. Auf das Repertoire nahm er geringen Einfluss; so gab es zwar eine angemessene Zahl klassischer Stücke auf der Bühne, aber keine Gegenwartsstücke.

Bassermannsche Gestalt (25): Geflügeltes Wort für „verdächtige Gestalt", nach einem Bericht von 1848, bei dem der badische Abgeordnete Friedrich Daniel Bassermann (1811–1855) von Gestalten auf den Straßen Berlins sprach, die er nicht schildern wollte.[78]

---

77 Brahm, Otto; Hauptmann, Gerhart: *Briefwechsel 1889–1912*, S. 232
78 Vgl. Stichwort zu: Bassermann, Friedrich Daniel. In: *Brockhaus Konversations-Lexikon*. Berlin und Wien: F. A. Brockhaus im Leipzig, 1893 (14. Auflage), S. 473

2.5 Sachliche und sprachliche Erläuterungen

Hauptmann beschrieb sie auch im *Abenteuer meiner Jugend*; er fand sie in „der unendlich bunten Fülle menschlicher Typen in Berlin" (CA VII, 1026).

Fürst Statthalter (27): Chlodwig Fürst zu Hohenlohe-Schillings-fürst (1819–1901), bayrischer Staatsmann. 1885 wurde er Statthalter von Elsass-Lothringen und stabilisierte dort die Lage, die durch seinen Vorgänger Manteuffel gestört worden war.

Prinz Ruprecht (27): Möglicherweise Ruprecht, Kronprinz von Bayern (1869–1955), der sich in Potsdam aufhielt und vom bayrischen Staatsmann Chlodwig besucht wurde.

Klärchen und Egmont (27): Die Szene parodiert die Szene „Klärchens Wohnung" aus dem 3. Akt von Goethes *Egmont*: Egmont „wirft den Mantel ab und steht in einem prächtigen Kleide da". Er erfüllt Klärchens Wunsch, „einmal spanisch zu kommen" und den Orden vom Goldenen Vlies zu tragen. Er fordert sie auf: „Sieh dich nur satt." Was sich dort in der Zeit eines Freiheitskampfes ereignet und wobei Egmonts Tod schon beschlossene Sache ist, wird hier im verstaubten Fundus zur satirischen Wiederholung.

natura non facit saltus (29): Die Natur macht keine Sprünge. – In diese Maxime wurde Aristoteles' naturphilosophische Erkenntnis gebracht, dass die Natur allmählich zu immer höheren Stufen fort-schreite.

wo Sie doch Konnexionen haben (29): Beziehungen, Kontakte. – Hassenreuter spricht, wie es Hauptmann aus einem Gespräch mit Heßler in Erkner berichtete. Auf den Bühnenehrgeiz des jungen Hauptmann habe Heßler reagiert: „Mensch, Sie haben die hüb-scheste Frau und Kinder, Sie haben die nötige Rente, das nötige Kapital, um Gotteswillen, wer heißt Sie denn diesen blutsauren Weg betreten?" (CA XI, 491).

im Leben solche Käuze (31): Spittas ästhetische Ansichten wer-den erkennbar; sie sind naturalistisch geprägt. Kunst ist nicht das ideale Abbild der Wirklichkeit wie in der Klassik – das ist „Schil-ler-Goethisch-Weimarische Schule der Unnatur" (31) –, sondern Kunst hat der Wirklichkeit ähnlich, im besten Falle weitgehend mit ihr identisch zu sein. Das entspricht der Formel von Arno Holz: „Kunst = Natur – x", wobei das x möglichst klein zu sein hat.

2.5 Sachliche und sprachliche Erläuterungen

anathema sit! (33): Der sei verflucht! Nach 1. Korinther 16, 22.

nach Amerika auswandern (40): Die Auswanderung nach Amerika war einer der großen Bevölkerungsströme im 19. Jahrhundert und wurde bereits bei Goethe (Lothario in *Wilhelm Meisters Lehrjahre*), in Eichendorffs *Ahnung und Gegenwart* und dann von mehreren Dichtern thematisiert: Sealsfield, Gerstäcker, Theodor Storm, Gustav Freytag, Wilhelm Raabe. Zwischen 1881 und 1890 wanderten 1.452.970 Deutsche nach Amerika aus. – Im Breslauer Freundeskreis der Brüder Hauptmann plante man, eine ikarische Republik in Amerika zu gründen. Gerhart Hauptmann sollte darin Minister werden. Nachdem aber einer dieser Freunde, Alfred Ploetz, 1883 die Möglichkeiten geprüft hatte, ließ man von dem Vorhaben ab, konnte aber nicht verhindern, dass den Ikariern ein politischer Prozess gemacht wurde (Breslauer Sozialistenprozess, 1887), bei dem Hauptmann als Zeuge erscheinen musste. Als der Prozess auch ihn zu bedrohen schien, floh er im Januar 1888 nach Zürich und kehrte erst im Oktober zurück.

Soxhlet-Kinder-Milchapparat (41): Gerät zur Sterilisation von Milch von Prof. Franz von Soxhlet (1848–1926). Das Tagesquantum des Säuglings wurde auf 0,16 l fassende Flaschen aufgeteilt und 40 Minuten der Siedehitze ausgesetzt.

Verfallssymptom unserer Zeit (42): In deutlichem Widerspruch zu seiner deutschnationalen Haltung sieht Hassenreuter Verfallssymptome, deren eines die Unfähigkeit der Mütter ist, ihre Kinder zu stillen. Es ist einer der Belege, dass Hassenreuter keineswegs als Karikatur gesehen werden darf. Ein weiterer folgt, wenn Hassenreuter von der „Heilung sogenannter sozialer Schäden" (45) spricht. Hinter der ironischen Brechung ist ein ernsthafter zeitgenössischer Begriff zu sehen.

deutschnational (42): Es war die Haltung einer Bewegung, die sich Mitte des 19. Jahrhunderts deutsch, monarchistisch, antisemitisch und antikatholisch gab; sie hatte auch großen Zuspruch in Österreich und war 1911 die stärkste Fraktion im österreichischen Reichsrat.

2.5 Sachliche und sprachliche Erläuterungen

Parochialkirche (43): Klosterstraße, Ecke Parochialstraße in der Nähe der Mietskaserne an der Alexanderstr. 10, Ecke Voltairestraße, 1695–1703 von Martin Grünberg erbaut. Im 19. Jahrhundert wurde der barocke Innenbau stark verändert. In Theodor Fontanes Roman *Der Stechlin* (1897/99) ist das Glockenspiel der Pachorialkirche das Zeichen zum Beginn einer Schiffsrundfahrt (14. Kapitel).

Bismarckverehrer (44): Otto, Fürst von Bismarck (1815–1898) wurde nach dem Deutsch-Französischen Krieg 1870/71, dessen Ausbruch er wesentlich betrieben hatte, und der Reichsgründung 1871 der erste deutsche Reichskanzler; zur Handlungszeit des Stückes stand der „Schmied der deutschen Einheit" (44) auf dem Höhepunkt seiner Macht.

Jenossen in't Mauerjewerbe (44): Wenn John in der Zeit des Sozialistengesetzes (1878–1890) von „Genossen" spricht, ist er entweder Mitglied der sozialdemokratischen Partei oder steht der Sozialdemokratie nahe. Unter den Berliner Maurern waren Gewerkschaft und Sozialdemokratie stark verbreitet.

Stern (45): Mehrere Angaben weisen wie „Stern" auf die Weihnachtsgeschichte (Matthäus 2, 1–11) hin, so „die drei Könige aus dem Morgenlande" (45) und „Weihrauch und Myrrhen" (46). Als die Handlung auf den Höhepunkt zustrebt und aus Freude und Komödie Verbrechen und Tragödie werden, wird dieser Umschlag angekündigt mit der veränderten Akzentuierung des Sterns: „ein böser, neidischer, giftiger Stern" (51).

Semper idem (45): Immer derselbe! Ausspruch Ciceros über die Standhaftigkeit des Sokrates. Maxime für Treue und Beständigkeit.

Nutrimentum spiritus (46): Nahrung des Geistes; von Friedrich II. für die Königliche Bibliothek zum Motto bestimmt.

Fundamente .. bei't neue Reichstagsjebäude (47): Wilhelm I. legte am 9. Juni 1884 den Grundstein zum Reichstag; der Bau wurde 1898 abgeschlossen. Die Arbeit an den Fundamenten zog sich über Jahre hin, Johns Aussage traf für einen längeren Zeitraum zu.

Janhagel (48, 87): Pöbel, hergelaufenes Volk; der Name entstand aus dem fiktiven Namen „Johannes Hagel" und wurde in der Literatur wie ein Name verwendet.

2.5 Sachliche und sprachliche Erläuterungen

Mädel mit zwölf uff de Jasse (49): Die Knobbe schickt Kinder zur Prostitution. „Gasse" verbindet sich zu dieser Zeit mit Prostitution.

Selbstmörderfriedhof bei Schildhorn (52): Bei Schildhorn unweit des östlichen Havelufers wurde 1879 der landeseigne Friedhof Grunewald-Forst angelegt. Dieser Selbstmörderfriedhof hat in Hauptmanns Werk mehrfach eine Rolle gespielt, wurde im Tagebuch am 8. 10. 1906 erwähnt und beschrieben[79], löste das Gedicht *Die Selbstmörder. Vision im Grunewald* aus[80] und ging schließlich in die *Ratten* ein. 1886 wurde im Grunewald die Leiche Hugo Thienemanns gefunden, eines Cousins von Hauptmanns erster Frau Marie, der Selbstmord begangen hatte; den Vorgang verarbeitete Hauptmann mehrfach in seinem Werk.

Brickenberch (54): Brückenberg am nördlichen Abhang des Riesengebirges (Schlesien), gehörte zur Gemeinde Gebirgsbauden und wurde durch die norwegische Holzkirche Wang bekannt. Da Frau Johns Eltern in Rüdersdorf beerdigt sind (12), muss sie als Kind mit den Eltern von Schlesien zugewandert sein.

furchtbar verändert (58): Mutter John verliert ihre menschlichen Züge und wird zur Rache- bzw. Schicksalsgöttin. Wenn Hassenreuter in einer früheren Fassung vom „Haupt der Gorgo"[81] spricht, das man gesehen habe, so wird hier die szenische Umsetzung erreicht: Wer eine der Gorgonen (die Gorgonen sind Stheno, Euryale und Medusa) ansah, erstarrte zu Stein. Die John befiehlt Pauline, sie anzusehen, und die sinkt wimmernd vor ihr zusammen. In einer anderen Fassung bezeichnet Quidde (Spitta) die John mit einem Zitat aus Schillers *Braut von Messina* als „Haupt der Medusa" (CA IX, 1173) und vergleicht sie mit der einzig sterblichen der Gorgonen (die Schrecklichen).

Braut von Messina (62): Trauerspiel von Friedrich Schiller, uraufgeführt und erschienen 1803. Schiller bemühte sich, ein analytisches Schauspiel von der Qualität des *König Ödipus* von Sophokles zu

---

79 Gerhart Hauptmann: *Tagebücher 1906 bis 1913*, S. 111 und 510
80 Vgl. Requardt und Machatzke, S. 122 f.
81 *Gerhart Hauptmann. Leben und Werk*. Ausstellungskatalog. Katalog Nr. 10. Marbach: Schiller-Nationalmuseum, 1962, S. 176

2.5 Sachliche und sprachliche Erläuterungen

schreiben. Dabei hatte sich die Handlung im Wesentlichen bereits ereignet und musste rückwirkend enthüllt werden. Oft begründete ein Orakel/eine Prophezeiung die Ereignisse, so auch in der *Braut von Messina*: Sollte Isabella zu den beiden Söhnen eine Tochter gebären, würden die Söhne und die gesamte Familie durch sie umkommen. Der Vater befahl, die Tochter ins Meer zu werfen. Die Mutter aber rettete sie und zog sie im Verborgenen auf. Die Vorhersage erfüllte sich. – Alles Wichtige hat sich bereits vor dem Beginn der Handlung ereignet und muss enthüllt werden. Nur die Katastrophe ereignet sich noch auf der Bühne. Das gelte, nach Schiller, auch für einfachste Vorgänge. Die in den *Ratten* zitierten Verse aus den beiden Chören stammen aus dem 1. Akt, 3. Szene, des Stückes. Die beiden Chöre sind das Gefolge der feindlichen Brüder Manuel und Cesar.

innerhalb eines Schemas (62): Hauptmann verwendet Hinweise und Beschreibungen des damals einflussreichen Literaturwissenschaftlers Richard M. Meyer: *Goethes ‚Regeln für Schauspieler'*[82]. Dass Hauptmann diesen Aufsatz kannte, beweisen Anstreichungen in dem Exemplar, das sich in seiner Bibliothek befindet.[83] Meyer hatte beschrieben, wie der Theaterboden schachbrettartig oder, so nach § 87 der Regeln Goethes, „durch rhombische Flächen" eingeteilt worden sei.

Erinnyen (63): griechische Rachegöttinnen der Unterwelt (lat.: Furien), die erbarmungslos Mord, Frevel, Unrecht und Blutschuld bestraften, z. B. Orest als Muttermörder in den Wahnsinn treiben. Sie wohnen im Hades, erscheinen meist zu dritt (Alekto, Megaira, Tisiphone), haben Schlangenhaar – ursprünglich Erdgöttinnen in Schlangenform –, Fackeln und Geißeln und machen durch Brüllen auf sich aufmerksam. Dass der Eid als ihr Sohn bezeichnet wird, bezieht sich darauf, dass sie als Schwurzeuginnen verehrt wurden.

---

82 Richard M. Meyer: *Goethes ‚Regeln für Schauspieler'*. In: Goethe-Jahrbuch, hrsg. von Ludwig Geiger, Bd. 31, Frankfurt a. M. 1910, S. 117–135.

83 Auf diesen Sachverhalt hat hingewiesen: Peter Sprengel: *Literatur im Kaiserreich. Studien zur Moderne*. Berlin: Erich Schmidt Verlag, 1993, S. 134 f. (Anm. 25)

2.5 Sachliche und sprachliche Erläuterungen

Quaquaro (62): Der merkwürdige Name wurde von Hauptmann im Fragment *Rom* (1909) für ein italienisches Modell verwendet. In die *Ratten* wurde die Figur des Emil Q. erst ab der 6. Fassung aufgenommen.[84] Kurt Tucholsky schrieb 1922, dass es zwar den Namen in Deutschland nicht gäbe, aber „dieses Land von Quaquaros" wimmele (s. S. 110 der vorliegenden Erläuterung).

Virchow (64): Rudolf V. (1821–1902), erwarb sich als Arzt große Verdienste um die öffentliche Gesundheitspflege, Desinfektion, Kanalisation und Städtereinigung.

Schneidemühl (65): Stadt im preußischen Regierungsbezirk Bromberg, Sitz des Oberlandesgerichts Posen. Mehr als die geografische Beschreibung war dieser Stadtname möglicherweise eine Art Losungswort zwischen Berliner Naturalisten. Der mit Hauptmann bekannte Dichter Peter Hille (1854–1904) gab zur Zeit der Handlung des Stückes, im Oktober 1885, eine Zeitschrift „Völker-Muse. Ein kritisches Schneidemühl" heraus, die ebenfalls den Städtenamen verwendete, ohne dass diese Verwendung logisch begründbar gewesen wäre oder einen Sinn ergeben hätte.

Haupt der Medusen (66): Von den drei Gorgonen hieß die sterbliche Medusa, ein grauenhaftes Ungeheuer, dessen Blick den Menschen versteinte. Medusa wurde von Perseus enthauptet. Vgl. die Anmerkung zu „furchtbar verändert" (58).

Eumenide (66): die Wohlgesinnte; Athene versah die Erinnyen (Rachegöttinnen) mit dem euphemistischen (verhüllenden) Namen und ließ aus den Rachegöttinnen Segensgöttinnen werden. Vgl. die Anmerkung zu „Erinnyen" (63).

Größenwahn (67): Titel eines „pathologischen Romans" von Karl Bleibtreu, Leipzig 1888, der „heidnisch-griechisch-antike Ästhetik" mit einer „christlich-germanisch-modernen Dichtung"[85] konfrontiert und sich zum Größenwahn bekennt. In ihm traten Hauptmann als „Gerhart Heidenauer" und seine Dichtung *Promethidenlos* als „Messiasleiden eines Promethiden" auf.

---

84 Peter Sprengel: *Gerhart Hauptmann. Epoche – Werk – Wirkung*, S. 142
85 Karl Bleibtreu: *Größenwahn. Pathologischer Roman*. Leipzig: Friedrich, 1888, ohne Pagina.

2.5 Sachliche und sprachliche Erläuterungen

Paraphrase des Willens zum Blödsinn (67): Verdeutlichung, zielt wahrscheinlich auf Nietzsches *Willen zur Macht,* einen aus Nachlassmaterialien zusammengestellten Band, der lange Zeit als Nietzsches Hauptwerk galt. Hauptmann hatte stets ein distanziertes bis ablehnendes Verhältnis zu Nietzsche.

Akzidens (67): das Zufällige, was nicht ursächlich zu etwas gehört.

Gründlinge (67): Nach Shakespeares *Hamlet* (3. Akt, 2. Szene) sind es die Theaterunkundigen – die „Gründlinge im Parterre", auf dem Grund sitzend, den billigsten Plätzen –, denen aber bestimmte Schauspieler gerecht zu werden versuchen. Hamlet würde solche Schauspieler am liebsten verprügeln lassen.

Schuld und Sühne (67): Hassenreuter widerlegt sich unbewusst selbst. Er bezieht sich einmal auf sittliche Kategorien, die in der Dramendiskussion der Aufklärung eine große Rolle gespielt hatten und sich dramentheoretisch im Begriff der Katharsis (Läuterung) niederschlugen. Andererseits war es auch der Titel eines Romans von Fjodor M. Dostojewski (1821–1881), der 1882 ins Deutsche übersetzt und zu einem Vorbild naturalistischer Prosa wurde. In den summierenden Reihen der Vorbilder stand er direkt neben Zola und Ibsen. In dem Roman wurde demonstriert, wie alle sittlichen Werte in Auflösung begriffen waren. Hauptmann verstand Dostojewskis Angriff auf diese Werte, sah aber, dass solches Denken in den „Wahnsinn"[86] führte.

Objekt der Tragödie (68): Zentrale Thesen der naturalistischen Theorie klingen an, wie sie insbesondere von Conrad Alberti, mit dem Hauptmann mehrfach über Kreuz lag, verkündet worden waren, darunter die oft zitierte: „... als Stoff steht der Tod des größten Helden nicht höher als die Geburtswehen einer Kuh, denn dasselbe einheitliche und allgewaltige Naturgesetz verkörpert sich in diesem wie in jenem."[87]

---

86 Gerhart Hauptmann: *Tagebücher 1897 bis 1905,* S. 115 f.

87 Conrad Alberti: *Der moderne Realismus in der deutschen Literatur und die Grenzen seiner Berechtigung.* Vortrag, gehalten im deutschen Literaturverein Leipzig. Hamburg: Verlagsanstalt und Druckerei A. G., 1889 (Deutsche Zeit- und Streit-Fragen. Neue Folge, Jahrgang IV, Heft 52), S. 18

2.5 Sachliche und sprachliche Erläuterungen

Schiller und Gustav Freytag (68): Die deutschen Naturalisten lehnten Schiller fast vollständig ab; nur das Frühwerk (*Die Räuber*) ließen sie gelten. Freytag wurde mit seinen Romanen teilweise als Verbündeter gesehen, aber entschieden stellten sie Freytags kanonisierte Dramentheorie infrage, die er aus Schillers Werken abgeleitet hatte und die als Maßstab der Bewertung naturalistischer Dramatik benutzt wurde (*Die Technik des Dramas*, 1863).

Lessing und Diderot (68): Lessing war einer der wenigen Schriftsteller, den die Naturalisten in ihrer Traditionsbildung gelten ließen. Lessings Übersetzung *Das Theater des Herrn Diderot* erschien 1760 und war für die Dramaturgie Lessings eine wesentliche Rechtfertigung. Wichtigster Gedanke beider war, dass die Gattungen nicht an Stände gebunden seien, sondern Tragödie und Komödie gleichermaßen allen Menschen gehöre. Zuvor war die Tragödie dem aristokratischen Stand, die Komödie dem plebejischen zugeordnet gewesen. Lessing und Diderot werden von Spitta als Dramaturgen, nicht als Dichter betrachtet. Hauptmann verwendete hier Formulierungen, wie sie in den naturalistischen Programmschriften verbreitet waren.[88]

auf den jungen Schiller ... (68): Hauptmann legt Spitta Sätze in den Mund, die fast wortwörtlich in einer der naturalistischen Kampfschriften stehen: Heinrich und Julius Hart: *Für und gegen Zola*, in: Kritische Waffengänge, 1882, Heft 2, S. 54: „... wir müssen wieder anknüpfen an den jungen Goethe ..., denn da ist nicht nur Wahrheit wie bei Zola, da ist poesiegetränkte Wahrheit." Ähnliche Formulierungen waren verbreitet; sie finden sich auch in Heinrich Harts Lebensbeschreibung *Wir Westfalen*.

etwas Menschenfresserartiges in der Physiognomie (69): Das von Spitta Goethe zugeordnete Zitat stammt nicht von diesem, sondern ist gegen Goethes Schauspielschulung gerichtet. Carl Wilhelm Reinhold (d. i. Zacharias Lehmann), Schauspieler und Journalist, schrieb es in dem Pamphlet *Saat von Goethe gesäet dem Tage der Garben zu reifen* (Weimar, Leipzig 1808).[89]

---

88 Vgl. Julius Hillebrand: *Naturalismus schlechtweg!* In: Die Gesellschaft, Jg. 2, Heft 4, S. 232 ff., hier: S. 233

89 Vgl. Sprengel: *Literatur im Kaiserreich. Studien zur Moderne.* Berlin: Erich Schmidt Verlag, 1993, S. 135

2.5 Sachliche und sprachliche Erläuterungen

Journalisten (73): Erfolgreiches Lustspiel Gustav Freytags (Urauf-führung 1852), das die Rolle der Presse und der Schriftsteller be-schreibt, gleichzeitig aber Missstände kritisiert. Die Gestalt des Journalisten Schmock von der Zeitung „Coriolan" wurde zum Sinn-bild des gewissen- und charakterlosen Journalisten. Hauptmann kannte auch Freytags Dramaturgie *Die Technik des Dramas*.

Sodom (74): Auf die biblische Stadt Sodom (und Gomorrha) am Toten Meer regnete es wegen ihrer Sünden „Schwefel und Feuer" (1. Mose 19, 24). 1891 hatte Sudermann sein zweites Stück *Sodoms Ende* genannt; es behandelte das tragische Geschehen um den Ma-ler Karl Stauffer-Bern, der in Berlin als Künstler und Mensch schei-terte. Der Kritik erschien es jedoch „völlig wertlos" (M. Kent in der *Nation* 1890/91, Nr. 6, S. 92), wenn auch ein „gleißender Sumpf" beschrieben worden sei.

honny soit qui mal y pense (75): (eigentl. „honi/honni ...") „Ver-achtet sei, wer Arges dabei denkt", Wahlspruch des Hosenbandor-dens, des höchsten englischen Ordens.

Lutherfestspiel in Merseburg (75): 1883 hatte der Dichter Hans Herrig (1845–1892), der zum Kreis der Gebrüder Hart und damit zum Umkreis der Naturalisten gehörte, ein Luther-Festspiel *Luther. Ein kirchliches Festspiel zur Feier des 400jährigen Geburtstages Martin Luthers in Worms* geschrieben. Das Festspiel wurde in Berlin von Alexander Heßler uraufgeführt und dann mit viel Beifall an vielen Orten Deutschlands aufgeführt. Im Ergebnis dieser Tournee ent-stand die Schrift *Luxustheater und Volksbühne* (1887), in der Herrig begründete, wie alte Mysterienspiele wieder als Volksschauspiel lebendig werden können. Das klassische Repertoire hielt er für die wahre Ursache des Verfalls der dramatischen Dichtung.

Weltuntergang (77): Der W. ist ein vielfach erörtertes Thema der Naturalisten, das auch thematisiert wurde, z. B. in Karl Bleibtreus Tragödie *Weltgericht* (1888), in der die Geschichte der französischen Revolution von 1789 verarbeitet wurde. Man hatte um 1890 das Gefühl, in einer Endzeit zu leben.

Herrn Madai (87): Guido von Madai (1810–1892), bis Oktober 1885 Berliner Polizeipräsident. Der Polizeipräsident von Jagow beanstande-

2.5 Sachliche und sprachliche Erläuterungen

te in den *Ratten* die Beziehung eines „heruntergekommenen Schmierenkönigs" zu dem ehemaligen Polizeipräsidenten, empfand es als eine „Verunglimpfung" seines Vorgängers und forderte die Streichung des Namens, die auch vorgenommen wurde.[90] In der Premiere wurde der Name dennoch genannt, für die weiteren Aufführungen musste er gestrichen werden und Hauptmann ließ ihn durch „Baron von Krawutschke" ersetzen, was in der Presse mitgeteilt wurde.

Sumpf (91): Es scheint auf ein Schauspiel Julius Harts angespielt zu werden: *Der Sumpf* (Münster, Brunn: 1886). Das Stück spielt größtenteils in Berlin, das als „Sumpf" erscheint, in dem Menschen untergehen und Künstler vernichtet werden. Es bestehen inhaltlich manche Parallelen zu Hauptmanns *Ratten*, es gibt auch dort ein Streitgespräch über idealistische Kunst und jene neuen Künstler, die „das Schöne aus der Kunst verbannen wollen" (2. Akt, S. 31). Das kolportagehafte Stück, literarisch bedeutungslos, war in den Berliner naturalistischen Kreisen bekannt.

Chloral (91): Chloralhydrat wurde gegen Schlaflosigkeit verwendet, aber auch bei Säuferdelirien, Geisteskrankheiten usw. An einer Überdosis C. starb 1891 der Maler Karl Stauffer-Bern, dessen Schicksal in den Kreisen der Berliner Dichter genau verfolgt wurde (s. Anmerkung zu Sodom, 74). Seine Kunst erschien wie eine Zusammenführung von klassischer und naturalistischer Kunst. Hauptmann war vom Schicksal Stauffer-Berns tief berührt[91]; sein Freund Otto Brahm hatte 1892 eine Lebensbeschreibung, die Briefe und Gedichte des Malers herausgegeben. Hauptmann liebte das Buch und fand es anregend. Es wurde ein großer Erfolg und erlebte während der Entstehungszeit der *Ratten* die 6. Auflage.

ein Kind mit zwei Müttern (92): Angespielt wird auf die Geschichte vom Kreidekreis; sie kommt aus dem Chinesischen (um 1300) und betrifft ein Kind, das von zwei Müttern in Anspruch genommen wird. Ein Richter stellt das Kind in einen Kreidekreis mit der Maßgabe, die Mütter sollen das Kind aus diesem herauszie-

---

90 H. H. Houben: *Polizei und Zensur*. Bd. 11 der *Polizei in Einzeldarstellungen*, hrsg. von W. Abegg. Berlin: Gersbach & Sohn, 1926, S. 134 f.

91 Brahm, Otto; Hauptmann, Gerhart: *Briefwechsel 1889–1912*, S. 85 (Nr. 39), 119

2.5 Sachliche und sprachliche Erläuterungen

hen. Der Richter erkennt die richtige Mutter daran, dass sie auf die Kraftprobe verzichtet, um dem Kind keine Schmerzen zuzufügen. Brecht variierte in seinem *Kaukasischen Kreidekreis* (UA 1948) die Lösung: Die Pflegemutter verzichtet, weil sie die mütterlichere der beiden Frauen ist. Das Thema geht bis auf König Salomo zurück.

salomonisches Urteil (93): König Salomo entscheidet einen ähnlichen Fall dadurch, dass er das Kind mit dem Schwert zerteilen will (1. Könige, 3, 17–28). Als die richtige Mutter das Kind lieber der anderen Frau überlassen will, ehe dass es getötet wird, erkennt Salomo die richtige Mutter. In vorliegendem Fall wird das salomonische Urteil vollstreckt, denn das Kind ist tot; damit aber hat keine der beiden Frauen das Kind.

Schierke, die Kielbacke mit dem toten Kinde, gefolgt von Frau Knobbe und der Piperkarcka (93): Die abziehende Gruppe erscheint wie eine säkularisierte und travestierte Pieta, einer Karikatur ähnlich. Auf dem beliebten Andachtsbild trauert Maria mit ihrem toten Sohn im Arm oder auf dem Schoß.

Sic eunt fata hominum (93): So verlaufen die Schicksale der Menschen.

Hangelsberg (94): Ort an der oberen Spree und der Bahnstrecke zwischen Erkner und Fürstenwalde.

Zerberus (94): auch: Kerberos; blutgieriger Hund und Torhüter zur Unterwelt (Hades). Er ließ niemanden, der eingetreten war, wieder heraus. Im übertragenen Sinn: grimmiger Wächter.

wo de Jerber de Felle wegschwimmen (97): Berliner Gerber wässerten ihre Felle in den Flüssen der Stadt. Der Vorgang fand Eingang in die Dichtung (Georg Heym: *Berlin I*, „Rauch, Ruß, Gestank lag auf den schmutzigen Wogen/Der Gerbereien mit den braunen Fellen.")

een dotet Kindeken (107): In Hauptmanns Tagebuch findet sich unter dem 14. Juli 1910, Agnetendorf, die Beschreibung eines Traumes seiner Frau Margarethe, in dem ein Kind (ihr Kind Erasmus) wieder lebendig wird. Der Traum knüpfte an einen früheren vom 13. Mai 1910: Ein kleines Licht erlosch, aber da sei Hauptmann „mit einem großen Licht" erschienen.[92]

---

92 Gerhart Hauptmann: *Tagebücher 1906 bis 1913*, S. 263, 261

2.5 Sachliche und sprachliche Erläuterungen

Wacht am Rhein (111): Berühmtes Lied von Max Schneckenburger (1819–49), das 1840 entstand, als ein europäischer Krieg drohte, in dem Frankreich den Rhein als Grenze beanspruchte. Bekannt wurde das Lied in der Komposition von Karl Wilhelm und mit einem veränderten Text erst richtig 1870. Aus dieser Fassung stammen die drei Verse, die John anschließend singt.

Knochenkeller (114): In verschiedenen Museen, Kirchen und Klöstern Berlins gibt es Knochenkeller, in denen Skelette aufbewahrt werden. Einer der bekanntesten ist der archäologische Keller in Spandau mit Resten eines Dominikanerklosters. Möglicherweise gab es in der alten Kaserne einen Keller, der eine ähnliche Funktion hatte.

Bolljongkeller (115): Um den Schlesischen Bahnhof (Ostbahnhof) war eines der düstersten Großstadtmilieus „mit ‚Bouillonkellern' (für billigste Speisen war der ‚Hammelkopp-Keller' in der Andreasstraße berühmt), in denen auch die Ganoven und Hehler zu Hause waren"[93].

Unser janzet Leben lang (115): Berliner Spottgesang, von Hans Ostwald in leicht variierter Form überliefert.[94]

Bullenwinkel (115): Alt-Berliner Straßenname für einen verdreckten Durchgang zwischen Taubenstraße und Hausvogteiplatz; im Zusammenhang mit den *Ratten* in Hauptmanns Tagebuch am 10. Juli 1910 genannt.[95]

Schublade (116): In der Gaunersprache (nach dem Grimm'schen Wörterbuch): Vulva, weibliches Geschlechtsteil.

Schneiderring (117): Es wird vermutet[96], dass es sich um eine Flüchtigkeit handelt, die in allen Ausgaben erhalten blieb. Eigentlich sollte es „Schneidering" heißen: Messer (in der Gaunersprache; nach dem Grimm'schen Wörterbuch).

Der Mond hat'n jroßen Hof jehat (117, 122): Brunos Beschreibung, die auch Frau John im Traum erreicht, erinnert an eine der

---

93 Annemarie Lange: *Das Wilhelminische Berlin. Zwischen Jahrhundertwende und Novemberrevolution.* Berlin: Dietz Verlag, 1976, S. 99

94 Hans Ostwald: *Kultur- und Sittengeschichte Berlins*, Berlin: Klemm, 1924, S. 509

95 Gerhart Hauptmann: *Tagebücher 1906 bis 1913*, S. 262 f.

96 Bellmann, S. 49

2.5 Sachliche und sprachliche Erläuterungen

letzten Szenen in Georg Büchners *Woyzeck* (Waldsaum am Teich), in der Woyzeck im Zeichen eines rot aufgehenden Mondes Marie mit dem Messer ersticht. Auch die Schlussworte der John im 4. Akt „Ick bin keen Merder!" (118) erinnern an Woyzecks Frage „Bin ich ein Mörder?"(*Woyzeck*, Szene: Das Wirtshaus). Das trifft auch auf andere Passagen zu, so auf Frau Johns Feststellung: „Jerechtigkeet is noch nich ma oben in Himmel." (127).

sein Jräbken jesteenicht ham (122): Am 15. Juni 1910 notierte Hauptmann den Vorgang als einen Traum Margarethes nach dem Tod des Sohnes Erasmus in sein Tagebuch: „Kinder treiben Unfug um das kleine Grab. Werfen Schollen danach, Steine."[97]

Sieh da, sieh da, Timotheus ... (123): In Schillers Ballade *Die Kraniche des Ibycus* (entstanden 1797) verraten sich die beiden Mörder des Ibycus durch diesen Satz. Es ist die Macht der Kunst, die sie ihre Tat ausplaudern lässt; das Geständnis ereignet sich im Theater, ausgelöst durch „des Chores grauser Melodie". Walburga empfindet die schlafende Frau John ebenfalls als „grausenvoll" (119).

Subura (123): Im antiken Rom ein Stadtviertel der Armen, es hatte keinen guten Ruf, andererseits wohnte auch Cäsar zeitweise dort. Es lag etwa auf halbem Wege zwischen Stazione Termini und dem Kolosseum.

Engelmachersche (129): Früher beschönigende Bezeichnung für Frauen, die zumeist uneheliche Kinder in Pflege nahmen, um sie dann systematisch umkommen zu lassen und sich am Pflegegeld zu bereichern. Um die Vorgänge beobachten und überprüfen zu können, wurde 1879 wieder die Konzessionspflicht für „Kostkinderpflege" eingeführt, um die Engelmacherei auszumerzen. Es war ein Thema der naturalistischen Literatur. Bei Frau Kielbacke handelt es sich um eine Pflegemutter, die im staatlichen Auftrag tätig ist („Landeskindererziehungsheim", 85) und bei der dennoch „von's Dutzend mehrschtens zehn" Pflegekinder (139) sterben.

Kohlhaas von Kohlhaasenbrück (139): Gemeint ist der sein Recht unbedingt erkämpfende Rosshändler Michael Kohlhaas, der

---

97 Gerhart Hauptmann: *Tagebücher 1906 bis 1913*, S. 262

2.5 Sachliche und sprachliche Erläuterungen

in diesem Kampf unterlag und zum Titelhelden der Novelle *Michael Kohlhaas* (1808/1810) von Heinrich von Kleist wurde. Der Ort Kohlhasenbrück (in der Nähe von Potsdam) wurde nach der „Kohlhasenbrück" benannt, unter die 1540 der historische Hans Kohlhase geraubte Silberbarren, die zum Berliner Hof unterwegs waren, versenkt haben soll.[98] – Kleist führte seine Hauptgestalt mit den Worten ein: Kohlhaas sei „einer der rechtschaffensten zugleich und entsetzlichsten Menschen seiner Zeit"; ähnlich ließe sich auch Frau John charakterisieren.

wahrhaft tragisches Verhängnis (140): Die Bestimmung findet sich fast wortwörtlich bei Hegel. Statt der Ständeklausel, die nur hochstehenden Personen tragische Konflikte gestattete, wurde die Tragik seit Lessing auch in anderen Schichten für möglich gehalten. Wesentlich für Tragik wurde die Ausweglosigkeit der Situation, die von Hegel folgendermaßen bestimmt wurde: Innerhalb einer Kollision sind beide Seiten berechtigt, aber wenn sie zusammenstoßen, schließen sie sich gegenseitig. Daraus ergab sich für Hegel: „Ein wahrhaft tragisches Leiden ... wird über die handelnden Individuen nur als Folge ihrer eigenen – ebenso berechtigten als durch ihre Kollision schuldvollen – Tat verhängt, für die sie auch mit ihrem ganzen Selbst einzustehen haben."[99]

---

98 Vgl. Kurt Neheimer: *Der Mann, der Michael Kohlhaas wurde.* Berlin: Buchverlag Der Morgen, 1979, S. 141 f.

99 Georg Wilhelm Friedrich Hegel: *Ästhetik.* Bd. 2. Berlin und Weimar: Aufbau-Verlag, 1965, S. 551

2.6 Stil und Sprache

Die **Verwendung des Dialekts** war seit den *Webern* ein Markenzeichen des Dichters geworden. In den *Ratten* erscheint eine Mischung aus verschiedenen Dialekten: Die Johns sprechen Berliner Dialekt, Bruno die Gaunersprache und die Piperkarcka einen gebrochenen Berliner Dialekt. Dagegengesetzt wird Hassenreuters Bühnendeutsch und seine aufgesetzte Bildung, die durch lateinische Redewendungen ausgewiesen werden soll, die aber ungenau, verstümmelt oder falsch verwendet werden.

Hauptmann setzte **Wörter aus der Gaunersprache** ein wie Lampen (Vorsicht!) und Schuberle (Gespenst), die er aus entsprechenden Büchern bezog. Besonders verbreitet war **Hans Ostwalds** *Rinnsteinsprache. Lexikon der Gauner-, Dirnen- und Landstreichersprache* (Berlin: Harmonie, [1906]), das auch Hauptmann verwendete.[100] Ostwald war in den literarischen Kreisen der Jahrhundertwende ein bekannter und engagierter Mann.

Lieder aus dem Rinnstein

1903 provozierte der erste Band der dreibändigen *Lieder aus dem Rinnstein* (Berlin: Harmonie, [1903]) die Öffentlichkeit. Sein Herausgeber war der arbeitslose Goldschmied Hans Ostwald (1873–1940), Sohn eines Schmiedes. Er erlebte als wandernder, vagabundierender Handwerker die Tiefen des Arbeitslosenschicksals und beschrieb es in seinem „autobiographischen Roman" *Vagabunden* (1900). Der Erfolg des Romans war so groß, dass er sich von da an der Aufgabe verschrieb, Kultur von unten zu sammeln und zu verbreiten. Die *Lieder aus dem Rinnstein* waren ein Ergebnis: Der Titel reagierte auf Wilhelm II., der die moderne Literatur und Kunst als „Rinnsteinkunst" bezeichnet, und auf von Jagow, Polizeipräsident, der dazu „Die janze Richtung passt uns nich!" bemerkt hatte. –

Es war politisch kein programmatisches Buch. Die sozialdemokratische „Neue Zeit" bezeichneten die *Lieder* als eine „kulturgeschichtlich gute Idee". Zeitgenössische Besprechungen vermerkten, dass

---

100 Vgl. Hilscher, S. 492

2.6 Stil und Sprache

es nicht die „geistige Macht" eines Gorki erreiche, dessen *Nachtasyl* gerade erschienen war, weil es mit den sozial Entrechteten nur Mitleid habe und nicht revolutionär aufrüttle. Das Buch wurde als eine deutsche Variante Gorkis betrachtet, die nicht wegen der „rebellischen Tendenz" erschienen sei, „sondern um eigenartiges, missachtetes Menschentum unter seiner drückenden Hülle aufzuzeigen". Es war weniger politisch als Gorkis Dichtungen der Zeit; aber es war für die deutsche Literatur und Gesellschaft sehr viel. Ostwald veröffentlichte ein Jahr später eine Gorki-Monografie. – Er wurde mit dem ersten Band der *Lieder*, dem 1904 und 1906 zwei weitere, allerdings unauffälligere folgten, und seinen umfangreichen Dokumentationen zur Kultur- und Sittengeschichte Berlins, etwa 45 Bände, zu einem der bemerkenswertesten Chronisten der unteren sozialen Schichten.

Auf naturalistische Sprachgestaltung weist hin, dass es neben den Wörtern eine Vielzahl von Zeichen gibt, die keine grammatische Funktion haben, sondern Situationen beschreiben. Das Asthma der Frau Hassenreuter wird durch Wiederholungen, Auslassungen und Punkte ausgedrückt: „Ereignis ... ja ... Ereignis" (39). Besonders einfallsreich setzte Hauptmann Sprachlosigkeit um, die zum szenischen Geschehen in einem unlösbaren Widerspruch steht. Bei der Begegnung der John mit der Piperkarcka im 2. Akt verstummt die John im Bewusstsein der drohenden Gefahr; sie „erbleicht auf eine unheilverkündende Weise und schweigt" (56). Das ist szenisch nicht umzusetzen, muss also der Darstellungskraft der Schauspielerin überlassen werden. Die Regieanmerkung steigt zur epischen Beschreibung auf. Am Ende des 2. Aktes – Frau John hat erfahren, dass ein Vormund das Kind besichtigen wird – verstummt sie, „seltsam verändert und geistesabwesend" (60). Es folgt ein umfängliches stummes Spiel, ehe sie dessen Inhalt in die Worte fasst: „Angst! – Sorje! – Da wisst ihr nicht von!" (61). Noch deutlicher wird das Verstummen am Ende des 4. Aktes: Frau John erfährt, dass sie in einen Mord verwickelt ist. Wiederum verstummt sie und „sinkt in sich zusammen, immer mit dem vergeblichen Versuch, Gebetsworte gegen den Himmel

> naturalistische Sprachgestaltung

2.6 Stil und Sprache

zu richten" (118). Das Verstummen wird nun nicht mehr beschrieben, sondern episch mitgeteilt und damit in die Verantwortung der Schauspielerin gegeben. Es fällt auf, dass an den Aktenden die dialogische Struktur immer weiter preisgegeben wird, bis sie am Ende zerstört ist. Am Ende des 1. Aktes steht ein Monolog-Rest

Zerstörung der dialogischen Struktur

Hassenreuters, der mehr ahnen lässt, als ausspricht, und in ein mythisches Umfeld reicht: Hassenreuter will zu seinem „Kobold" (33). Am Ende des 2. Aktes verstummt Henriette John aus Angst und betritt den Grenzbereich zwischen Wirklichkeit und Wahnsinn. Am Ende des 3. Aktes stirbt das Nachbarkind, „Frau Knobbe scheint die Sprache verloren zu haben" (93) und Hassenreuter kommentiert den Totenzug wie ein Gott: „Sic eunt fata hominum." (So verlaufen die Schicksale der Menschen, 93). Am Ende des 4. Aktes wird Henriette John unfähig, Gebete zu sprechen, verwahrt sich dagegen, ein Mörder zu sein, und bekommt ein Hufeisen als Glücksbringer. Am Ende des 5. Aktes hat sich Henriette John das Leben genommen, ist also auch physisch verstummt, Selma kann nur noch in Satzfetzen den Vorgang berichten, um dann den „Herrjott in Himmel" (140) anzurufen. Dieser Verlust an Verständigung wird auch nicht dadurch aufgewogen, „dass das Haus mit seinen Gespenstern und Todesdrohungen, die mit in das System modellierter sozialer Wirklichkeit gehören und sogar aus seinen natürlichen Beziehungen leicht zu extrahieren sind, auch ein Ort der Auseinandersetzung, der intellektuellen Debatte ist."[101] Diese Debatten erreichen nie die Grundfragen der Wirklichkeit, sondern betreffen nur, wenn sie sich nicht auf dem Niveau der Konversation bewegen, die Fragen der Kunst. Verluste an Dialogen fallen auch dort auf, wo sie geführt werden: Die Menschen sprechen aneinander vorbei, hören nicht zu und reagieren unerwartet. Das wird in den Äußerungen Brunos besonders deutlich. Sie sind fast nur Wortfetzen nichtgesprochener Monologe, ob Bruno nun warnend „Lampen!" (13) ausruft oder indirekt einen Mord gesteht: „Heute morjen halb viere hätt' se det Jlockenläuten

---

101 Stuhlmacher, S. 247

2.6 Stil und Sprache

noch heeren jekonnt." (116) Das Verstummen, das Verschweigen und die Verkürzungen des Dialogs erfordern ausführliche Regieanmerkungen, die schließlich zu epischen Beschreibungen werden. Das bringt den Übergang zwischen den Gattungen mit sich und deutet auf die Episierung der Dramatik hin, die um 1920 begann.

Dem Verstummen steht eine Aufwertung der Geräuschkulisse gegenüber, auch das

Geräuschkulisse

ein naturalistisches Element. Geräusche aller Art spielen für die Handlung eine große Rolle: Bruno reagiert auf Geräusche an der Eingangstür (13), „Berliner Straßenlärm, auch Kindergeschrei aus den Hausfluren ... Leierkastenmusik vom Hof herauf" (16), „Militärmusik" (119), „Glocken beginnen wieder zu läuten" (123) und vieles mehr. Die Geräusche signalisieren Wochentage und Tageszeiten, drücken Bedrohungen aus und kündigen Unheil an.

Der Dialog wird von den **zentralen Metaphern und Symbolen** durchzogen; es dominiert die Metapher „Ratten". Von ähnlicher Bedeutung sind auch „Gespenster" und „Geist" (17). Peter Sprengel konstatierte, dass von der ersten Verwendung dieser Metaphern an „der Vergleich mit Gespenstern zum festen Inventar des Dialogs"[102] gehöre.

---

102 Peter Sprengel: *Gerhart Hauptmann. Epoche – Werk – Wirkung*, S. 144

2. Textanalyse und -interpretation

2.7 Interpretationsansätze

Hauptmann bezeichnete das Stück als **Tragikomödie**. Damit sollte keine ästhetische Kategorie zur Diskussion gestellt werden, sondern der Dichter sah den Gegensatz der zwei Welten als Grund für diese Bezeichnung: die Welt des Theaters als die Welt des Komödiantischen, die Welt der sozial Deklassierten als die Welt der Tragischen. Das Stück lebt von der Vielzahl seiner Gegensätze, die sowohl territorial, sozial, ästhetisch und moralisch angelegt sind.

Theater und Wirklichkeit

Der dominierende Gegensatz ist der zwischen Theater und Wirklichkeit. Im Theater haben sich Erinnerungen an eine glanzvolle Phase der deutschen Literatur erhalten – die Phase zwischen Sturm und Drang und Klassik mit ihrer sozialkritischen Aufbruchsstimmung eines Karl Moor (7 f.) und dem selbstlosen Freiheitsdenken eines Egmont (27) – in der Wirklichkeit ist davon nichts mehr zu spüren. Geblieben sind verstaubte Requisiten und glitzernd-wertlose Äußerlichkeiten wie eine „Brust voll hoher und höchster Orden" (27).

Gerhart Hauptmanns **Beschreibung der Großstadt** in dem Stück ähnelt denen des Expressionismus. Dazu gehören nicht nur der von der Stadt ausgehende Schrecken, die Dämonisierung der Technik und Massenansammlungen – wie sie in den gleichzeitig entstandenen Gedichten Georg Heyms und Georg Trakls nachzulesen ist –, die diese Nähe suggerieren, sondern auch die Verbindung von Großstadt und Rattensymbol. Aber es gibt einen wesentlichen Unterschied: Die expressionistischen Dichter verzahnten das Symbol mit einer Gruppe oder Schicht der Gesellschaft, Hauptmann wandte es auf die gesamte Gesellschaft an und nahm niemanden aus. Das rückte mögliche Veränderungen dieser Gesellschaft in den Hintergrund. Hauptmanns *Ratten* haben keine Alternative. „Ebenso dringlich wie hilflos wird allgemeine Krisenhaftigkeit signalisiert."[103] Nur einmal erscheint ein Zukunftsentwurf. Spitta benutzt ein von Hauptmann gern verwendetes Bild: „In uns liegen die Keime. Der

---

103 Kaufmann, S. 59

2.7 Interpretationsansätze

Boden lockert sich schon! Wir sind, wenn auch noch unterirdisch, die künftige Ernte! Wir sind die Zukunft! Die Zeit muss kommen, da wird die ganze weite, schöne Welt unser sein." (104) Spitta benutzt das Wortfeld von Hauptmanns *Sämann*, wie *Vor Sonnenaufgang* anfangs heißen sollte. Aber das Bild der keimenden Saat und des aufbrechenden Bodens stammt aus Zolas Roman *Germinal* und beschließt die Handlung dort.[104] Den Roman kannte Hauptmann aus der Zeit der Arbeit an den *Webern*.

Hauptmanns Tragikomödie rückte „stark in die Nähe der expressionistischen Großstadtdichtung"[105], aber sie behielt wesentliche Unterschiede bei. Hauptmann hatte mit dem **Expressionismus** kaum Beziehungen und für ihn wenig Verständnis. Aber die vernichtende Macht der Stadt war ein expressionistisches Thema, angereichert mit dem Thema „Verbrechen". In naturalistischer Manier studierte Hauptmann um 1905 die Großstadt, bedichtete die Berliner Markthalle (*Jacobsohn-Komödie*, CA IX, 341) und notierte sich Details zu „Schlächtergesellen" wie „Schlachter-Ballon-Mützen" (CA IX, 346 f.). Als die *Ratten* vorlagen, erschienen sie als „Parallelschöpfung zur gleichzeitigen Großstadtdichtung der frühen Expressionisten ...: zur Großstadtlyrik Heyms und Stadlers, zu Kafkas Erzählungen aus der gleichen Entstehungszeit, zu Heinrich Manns *Der Untertan* oder Carl Sternheims Schauspiel *1913*."[106]

Die Großstadt wurde für den Dichter ein moderner Mythos, der den überkommenen und vorhandenen Mythen, die Hauptmann immer interessiert hatten, die ihn aber seit seiner Griechenlandreise 1907 fasziniert, vergleichbar und ähnlich war. Obwohl Hauptmann die „Anspielungen früherer Fassungen auf mythologische Vorbilder"[107] unterdrückte und „die Schlussfassung diskreter" gestaltete, was ins-

> Großstadt als moderner Mythos

---

104 Vgl. Émile Zola: *Germinal*. Berlin: Rütten & Loening, 1955, S. 511
105 Hans Mayer: *Gerhart Hauptmann*. Velber bei Hannover: Friedrich Verlag, 1967 (Dramatiker des Welttheaters, Bd. 23), S. 68
106 Hans Mayer: *Das dramatische Werk Gerhart Hauptmanns*. In: Gerhart Hauptmann: Ausgewählte Werke in acht Bänden. Hrsg. von Hans Mayer. Berlin: Aufbau-Verlag, 1962, 4. Bd., S. 548 f.
107 Peter Sprengel: *Gerhart Hauptmann. Epoche – Werk – Wirkung*, S. 150, vgl. auch Peter Sprengel: *Die Wirklichkeit der Mythen*, S. 305

2.7 Interpretationsansätze

besondere mythologische Namen betraf, blieben genügend Bezüge erhalten. Die mythische Anlage der John ist deutlich zu erkennen: Sie wirkt am Ende des 2. Aktes versteinend wie Medusa; sie wurde von Alfred Kerr als „Ate" (vgl. S. 108 der vorliegenden Erläuterung) bezeichnet, als verderbenbringende Göttin der Verblendung. Sie ist geistesabwesend wie ein göttliches Orakel und „furchtbar verändert" (58), als sie entgegen den eigenen Plänen das Schicksal spürt, „die schaudernde Anerkennung unabirrbarer Blutbeschlüsse der Schicksalsmächte: keine wahre Tragödie ohne den Mord, der zugleich wieder jene Schuld des Lebens ist, ohne die sich das Leben nicht fortsetzt, ja, der zugleich immer Schuld und Sühne ist" (*Griechischer Frühling*, CA VII, 79). Sie agiert in einer dunklen Welt, ohne Sonnenlicht; diese Welt und ihr Licht („Na, nu wird Licht!", 17) werden von ihr beherrscht. Wer sich an diesem Licht vergreift, verbrennt sich die Finger (16 f.). Hassenreuter benötigt sie, um sich im Dunkel seines Fundus zurechtzufinden (20). Eine Tragödie könne man, so schrieb Hauptmann im *Griechischen Frühling*, „mit einem Durchbruch der unterirdischen Mächte oder mit einem Vorstoß dieser Mächte ins Licht vergleichen" (CA VII, 101).

Es gibt „Zerberus" (94), der Theaterfundus wirkt wie ein ramponierter Olymp und die Wohnung der Johns hat die Bedeutung einer edlen Unterwelt, die vom „Stern" (45) der drei Könige bestrahlt wird. Der biblische Bericht von der Geburt Jesu Christi wird mehrfach erinnert: Neben den drei Königen und dem Stern werden Weihrauch und Myrrhen (45 f.) genannt. Allerdings lassen sich über dem ruinierten Olymp, auf dem Dachboden, neue Götter nieder: Bruno, Pauline. Es sind die Götter einer sozial deformierten Unterwelt. Auf den Dachboden gelangt man „durch' n Knochenkeller" (114), der Tod wird zum alltäglichen Begleiter. Der antike Mythos wird in der modernen Großstadt auf den Kopf gestellt: Der Olymp ist finster und gespenstisch, man sieht sich von „Geist(ern)" und „Gespenstern" (17) umgeben und Bruno, die Inkarnation des Verbrechens, bezeichnet sich im Dachgeschoss als „Jespenst" (11); die Unterwelt ist hell und sauber, „die warme Sonne scheint durch die Fenster" (35) und dort agiert Zerberus. Der Chor der antiken

2.7 Interpretationsansätze

Tragödie ist in Resten erkennbar: Hassenreuters Schüler und Spitta sprechen Chorpassagen aus Schillers *Braut von Messina*. Aus den antiken Göttern sind moderne Gespenster und Geister geworden. Mit Henrik Ibsens *Gespenstern*, die Wiederkehrer sind, hat das wenig zu tun, wenn auch die allgemeine dumpfe geheimnisvolle Atmosphäre an das Stück erinnert.

Hauptmann war von mythischen Gestalten fasziniert. Während seiner Griechenlandreise 1907 verstärkte sich diese Faszination zum bleibenden Denkinhalt. In dem mythischen Ensemble wurde die Frau zur Medusa und behauptete sich im Schaffen des Dichters „als todbringende Schicksalsgottheit"[108]. Die sozial klar profilierte Henriette John, Reinemachefrau und Frau eines Maurers, bereicherte den Archetypus einer todbringenden Medusa, es ist die „Grenzüberschreitung des Sozialen Dramas zur Mythendichtung

> Archetypus einer todbringenden Medusa

für die Bühne". Dem ist zuzustimmen. Wenn aber fortgefahren wird, dass damit eine „Entschärfung des Gesellschaftlichen zum Archetypischen"[109] erfolgt sei, kann dem widersprochen werden, denn Archetypen sind Abstraktionen sozialer Verhältnisse. Nicht eine „Entschärfung" vollzog sich bei dieser Grenzüberschreitung, sondern eine Verdichtung zur Erfahrung, die weitergegeben werden konnte. Daraus entstand die bleibende Aktualität des Stückes, denn seine Konflikte blieben aktuell. Die Aufwertung der Figuren geschah durch ein komplexes Scheitern: Sie zerbrechen einmal an ihrer Wirklichkeit, die sie zermürbt; sie verlieren aber auch ihre Hoffnungen und utopischen Entwürfe. Am deutlichsten ist das bei Frau John zu erkennen: Sie möchte mit Mann und Kind einmal eine Familie schaffen, die sie ins kleinbürgerliche Milieu aufsteigen lässt; sie möchte aber zum anderen vielfältige Liebe zu Kind, Mann und Familie erfahren. Beides misslingt und während des Scheiterns bekommt sie mythische Attribute zugeordnet. Hauptmann führt

---

108 Peter Sprengel: *Die Wirklichkeit der Mythen*, S. 185
109 Peter Sprengel: *Soziales Drama oder Mythendichtung für die Bühne? Konkurrenz und Koinzidenz alternativer Textsorten bei Gerhart Hauptmann.* In: Textsorten und literarische Gattungen. Dokumentation des Germanistentages in Hamburg vom 1. bis 4. April 1979. Hrsg. vom Vorstand d. Vereinigung d. Dt. Hochschulgermanisten. Berlin: E. Schmidt, 1983, S. 551–562, hier: S. 560

2.7 Interpretationsansätze

sie so aus der sozialen Wirklichkeit in den Mythos. Das ereignet sich vor allem im 3. Akt. Durch den klassischen Text der *Braut von Messina* wird der Mythos erinnert: Erinnyen, Medusa, Eumenide – Rachegöttinnen und Ungeheuer (63 f., 66). Danach erscheint Frau John; sie kommt von oben, vom Boden, „mit unnatürlicher Blässe" (70) und wird von Hassenreuter heiter als Spittas „tragische Muse" (70) bezeichnet – Melpomene –, tatsächlich aber ist sie schon vorher der Gorgo Medusa ähnlich geworden: „erbleicht auf eine unheilverkündende Weise" (56), „furchtbar verändert" (58) und „starr, entgeistert" (59). Da ihr Mütterlichkeit versagt blieb, wurde sie unmenschlich. Das ist die Verallgemeinerung der sozialen Erfahrung. Hassenreuters Schüler steigen schließlich vom Olymp in die Unterwelt und agieren als kommentierender Chor. Damit bricht der Gegensatz zwischen Klassik/Klassizismus und Naturalismus wieder auf, der im Gespräch zwischen dem jungen Spitta und seiner Kritik an „der Schiller-Goethisch-Weimarischen Schule der Unnatur" (31) und Hassenreuter, der sich zu dieser Schule bekennt, vorbereitet wird. Aber während das antike mythische Schicksal von Messina in die Alltäglichkeit Berlins mündet, wird das naturalistische Szenarium ins Mythische überhöht, entsteht ein neuer Mythos, der in Frau John eine neue Göttin findet und in Berlin die mythische Landschaft. Während der Entstehung des Stückes hatte Hauptmann eine ausführliche Beschreibung dieses Berlins in sein Tagebuch aufgenommen: „Verrohung durch blutige Sensationen ... Furchtbar ist diese Stadt ... Ein ewiger dumpfer Donner ... Man möchte dieser rasenden Orgie halt gebieten. Der Mensch grassiert wie eine Plage". Er beendet seine Reflexionen mit dem Vorsatz: „Vielleicht kann ich dieser Stadt, wenigstens in einem Werk, einmal den Spiegel vorhalten. Sie muss sich so sehen, wie ich sie sehe ...: erfüllt von Dämonen, ein Inferno."[110] Hauptmann hat sich in diesen Vorstellungen am weitesten dem Expressionismus genähert, der sich 1910 entwickelte und der sich bei Hauptmann als eine Spannung zwischen klassisch-antikem und naturalistischem Mythos erweist.

---

110 Gerhart Hauptmann: *Tagebücher 1906 bis 1913*, S. 231 f.

2.7 Interpretationsansätze

Im Zentrum des Stückes, genau in der Mitte, findet das Kunstgespräch zwischen

Kunstgespräch

Spitta und Hassenreuter statt. Wie Versatzstücke werden in ihm Titel gereiht, die einerseits für naturalistische Literatur stehen, andererseits namhafte Beispiele klassischer tragischer Literatur zitieren. In beiden Fällen werden die Titel von den Personen so verwendet, dass sie nicht polar gegeneinandergesetzt werden, sondern fließend ineinander aufgehen. Der Streit geht unentschieden aus und wird damit Hauptmann gerecht, der Entscheidungen scheute. Ihm waren beide Auffassungen recht und er konnte mit beiden umgehen. Spitta und Hassenreuter erscheinen in dieser Szene wie zwei Seiten des einen Hauptmann: der jugendliche Naturalist und der reife Klassiker. Hassenreuter ist, sieht man ihn nicht als Karikatur, Hauptmann ähnlicher, als es auf den ersten Blick scheint. Es erscheint die Personifikation beider Seiten: die „tragische Muse" (70) in Gestalt der Henriette John. Quaquaro bringt zudem einen gegenständlichen Beweis für das Nebeneinander von Klassik und Naturalismus: In einem schwedischen Reiterstiefel (ein klassisches Requisit, möglicherweise aus Schillers *Wallenstein*) steckt ein Kinderfläschchen, „halb mit Milch gefüllt" (71). In modernen Dramaturgien gilt das Stück als eines der letzten „deutschen Dramen, die noch Dramen sind"[111]. Das wurde damit erklärt, dass das naturalistische Drama seine Helden, deren Willenskraft ungebrochen sei, aus den unteren Schichten bezog: „Dem sozialen Unterschied zwischen den unteren und oberen Schichten der Gesellschaft entsprach so der dramaturgische: Fähigkeit und Unfähigkeit zum Drama."[112] Ergänzenswert ist, dass Hauptmann beide Stückmodelle, das klassische der Oberschicht und das naturalistische der Unterschicht, in einem Stück vereinte, beide Stückmodelle aufeinander bezog und ihre Grenzen gegeneinander fließend sah und so beider Berechtigung demonstrierte.

---

111 Peter Szondi: *Theorie des modernen Dramas*. Frankfurt a. M.: edition suhrkamp Nr. 27, ⁶1969, S. 83
112 Ebd.

2.7 Interpretationsansätze

Unentschiedenheit ist für die *Ratten* charakteristisch: Auch Frau John ist nicht eindeutig bewertet; in ihr tritt „ein unaufgelöster Widerspruch"[113] zutage. Sie ist nicht nur Opfer der sozialen Verhältnisse, sondern produziert diese Verhältnisse selbst mit. Hassenreuter verkündet moralische Prinzipien, die er selbst nicht lebt. Der Theologiestudent Spitta will nicht die Theologie reformieren, sondern flüchtet in die Kunst usw.

---

113 Kaufmann, S. 57

3. Themen und Aufgaben

Die Lösungstipps beziehen sich auf die Seiten der vorliegenden Erläuterung.

1) Thema: Stoff und Titel
- Erklären Sie den Titel und folgen Sie den verschiedenen Erklärungen von „Ratten" durch den Text.
- Beschreiben Sie den Ort der Handlung und vergleichen Sie ihn mit den im Text genannten anderen Wohnvierteln (Halensee, Schlachtensee usw.)
- Neben den territorialen Kontrasten gibt es eine soziale Schichtung in der Mietskaserne. Beschreiben Sie diese.

Textgrundlage:
das gesamte Stück,
Materialien
Lösungshilfe:
S. 49

2) Thema: Ästhetische Gegensätze
- Hinweise und Attribute klassischer Dichtung (Pappenheimer, Egmont usw.) durchziehen das Stück. Welche Bedeutung haben sie?
- Vergleichen Sie diese Hinweise mit anderen Kunstauffassungen, die eine Rolle spielen.
- Beschreiben Sie das Verhältnis der naturalistischen Dichter zur klassischen deutschen Dichtung. Vergleichen Sie dabei die Positionen Spittas und Hassenreuters.
- Beziehen Sie das Geschehen im Dachgeschoss auf das in der Wohnung der Johns. Welche Unterschiede werden deutlich und wie könnte dieser Gegensatz im mythischen Bild erfasst werden? Was ist der moderne Mythos in dem Stück?

Textgrundlage:
1. Akt – 3. Akt
Lösungshilfe:
S. 53 ff., 85 ff., 89

3. Themen und Aufgaben

3) Thema: Möglichkeiten der Interpretation und der Inszenierung

Textgrundlage:
das gesamte Stück
Lösungshilfe:
S. 49 ff., 87 ff., 100

- ▶ Stellen Sie das Stück als Modell für Milieustudien und soziale Schichtungen dar.
- ▶ Betrachten Sie das Mietshaus als modellhaftes Abbild einer Großstadt oder einer gesamten Gesellschaft.
- ▶ Welche mythischen Beziehungen lassen sich erkennen? Beschreiben Sie Frau John als eine mythische Figur.
- ▶ Entwickeln Sie ein Inszenierungskonzept für ein Kriminalstück.

4) Thema: Das Verstummen als Ausdruck der Isolation

Textgrundlage:
das gesamte Stück
Lösungshilfe:
S. 81 ff.

- ▶ Stellen Sie alle Aussagen über Verstummen und Schweigen zusammen und erklären Sie deren Bedeutung.
- ▶ Mit dem Verstummen werden Dialoge aufgegeben. Beschreiben Sie, wie das geschieht und was an die Stelle dieser Dialoge tritt.
- ▶ Warum verstummen die Personen und was folgt daraus für ihren seelischen Zustand?
- ▶ In der naturalistischen Dramentheorie sind die Grenzen zwischen den Gattungen fließend. Wenden Sie diese These auf alle Erscheinungsformen des Verstummens und die dafür eingesetzten Regieanmerkungen an.
- ▶ Was tritt an die Stelle des Verstummens?

3. Themen und Aufgaben

5) Thema: Theater im Theater

Textgrundlage:
3. Akt
Lösungshilfe:
S. 89, 53 ff.

▶ Beschreiben Sie, wie Schillers *Die Braut von Messina* in die Handlung einbezogen wird.
▶ Gehen Sie auf die Gemeinsamkeiten zwischen den Stücken ein, heben Sie das Thema der „Mutterliebe" und des Kampfes um Kinder hervor.
▶ Stellen Sie die gegensätzlichen ästhetischen Positionen zwischen Hassenreuter und Spitta dar. Wie wirken sie sich auf die Probenarbeit aus? Wie gehören Spitta und Hassenreuter zusammen?
▶ Wie lassen sich beide Figuren mit dem Dichter in Beziehung setzen?

6) Thema: Die dramatische Struktur

Textgrundlage:
das gesamte Stück
Lösungshilfe:
S. 41 ff.

▶ Welche besondere Form des dramatischen Helden weist das Stück auf?
▶ Welche Besonderheiten weist der 3. Akt? Erklären Sie deren Funktion.
▶ Erklären Sie, warum das Stück nach Hauptmann eine Tragikomödie ist.
▶ Beschreiben Sie den Text als ein naturalistisches Stück.
▶ Welche Unterschiede bestehen zwischen einem naturalistischen und einem klassischen Schauspiel?

4. Rezeptionsgeschichte

Die **Uraufführung** fand am 13. Januar 1911 im Lessingtheater Berlin statt; die Regie hatte Emil Lessing. Die Zensur hatte zwar kaum Einwände, hoffte aber, dass das „scheußliche Machwerk" vom Publikum abgelehnt werde.[114] Theaterdirektor Brahm nahm umfängliche Streichungen vor, darunter in der Szene zwischen Hassenreuter und Alice (1. Akt), im Kunstgespräch (3. Akt) und Johns Beschreibung des unterminierten Hauses (5. Akt), 129 f.. Henriette John wurde von Else Lehmann gespielt, die seit *Vor Sonnenaufgang* (1889) immer wieder Hauptrollen in Stücken Hauptmanns (*Rose Bernd*, *Griselda*, Mutter Wolffen im *Biberpelz*) übernommen hatte. Es war umfängliche Werbung betrieben worden; immer wieder wurde darauf hingewiesen, dass Hauptmann mit diesem Stück an „seine glücklichen Anfänge"[115] anknüpfe. Die Wirkung war zwiespältig, „durchgefallen"[116] war das Stück allerdings nicht. Walther Rathenau, Großindustrieller, Freund Hauptmanns und späterer Außenminister, notierte in sein Tagebuch: „Teilweiser Erfolg, besonders nach II. Akt."[117] Während der Aufführung setzte oft Unruhe ein und das Interesse ließ nach, aber am Ende rief „eine begeisterte, langausharrende Schar jubelnd ihren Dichter"[118]. Die Rezensenten waren nach der Premiere unterschiedlicher Meinung.

unterschiedliche Meinungen

Paul Schlenther, der Freund Hauptmanns, sah in dem Stück ein naturalistisches Meisterwerk. Der Naturalismus müsse nur „von der geeigneten Dichterhand aus dem Arsenal geholt ... werden ..., wenn man ihn braucht. Man braucht ihn, wenn man im Nächsten das Höchste, im Gemeinen das Reinste, im

---

114 Vgl. Bellmann, S. 80

115 Franz Mehring: *Eine Tragikomödie*. In: Franz Mehring: Gesammelte Schriften, Bd. 11, hrsg. von Thomas Höhle u. a., Berlin: Dietz Verlag, 1961, S. 345

116 Günther Rühle: *Theater für die Republik im Spiegel der Kritik*. 2. Bd., Berlin: Henschelverlag Kunst und Gesellschaft, 1988, S. 365

117 Walther Rathenau: *Tagebuch 1907–1922*, hrsg. von Hartmut Pogge von Strandmann. Düsseldorf: Droste, 1967, S. 122

118 Isidor Landau. Berliner Börsen-Courier, Nr. 23, 14. Januar 1911. In: Hugo Fetting (Hrsg.): *Von der Freien Bühne zum Politischen Theater*. Drama und Theater im Spiegel der Kritik. Leipzig: Reclam, 1987 (Universal-Bibliothek Nr. 1140), Bd. 1, S. 417

4. Rezeptionsgeschichte

Niedrigsten das Tiefste finden will."[119] Ganz anderer Meinung war Maximilian Harden:

> *„Keinem gefällt das Stück, das ein in der Hauptstadt nie heimisch ge-wordener, längst ihr völlig entfremdeter Enkel schlesischer Weber für Luxusberliner schrieb und in dem Mutterleidenschaft um das Lager des einer leichtsinnigen Slavenmagd abgelisteten Kindes verprasselt. Wohlfeiler Schmierenwitz hilft über öde Strecken und aus der Lange-weile peitscht Ekel die fast schon Gelähmten auf."*[120]

Größe und Grenzen des Stückes beschrieb Alfred Kerr treffend und befand: „... es gibt keinen, der mit solcher Großartigkeit im Drama Seelisches in Menschensiedlungen zeichnen könnte. Weder bei uns noch bei den Russen (die so viel von Hauptmann gelernt), noch sonst irgendwo."[121]

Fast schon bösartig und das Stück absichtlich verkennend reagierte Franz Mehring, der wichtigste Kritiker der SPD. Grund dafür war die Enttäuschung über Hauptmann, der nicht zu einem parteilichen Dichter geworden war, wie die Linken in der SPD ursprünglich ge-hofft hatten. Nun beschrieb Mehring das Stück als

> *„zwei lose zusammengekoppelte Handlungen: einem Theaterkulis-senschwank, wie er in dem ungleich anspruchsloseren ‚Raub der Sabi-nerinnen' viel lustiger gelungen ist, und einigen sentimentalen Schau-erszenen voll Mord und Totschlag. Wollte man alle psychologischen Unwahrscheinlichkeiten oder Unmöglichkeiten der dramatischen Handlung aufzählen, so fände man kein Ende, und ebensowenig, wenn man enträtseln wollte, was er mit dem Titel gemeint hat. Viel-leicht weiß er es selbst nicht."*[122]

---

119 Paul Schlenther: *Gerhart Hauptmann. Leben und Werke*. Berlin: S. Fischer Verlag, 1922, S. 252. Zuerst im Berliner Tageblatt vom 15. Januar 1911

120 Maximilian Harden in der ‚Zukunft' 1911, Nr. 18, zit. in: *Gerhart Hauptmann. Leben und Werk*. Ausstellungskatalog. Katalog Nr. 10. Marbach: Schiller-Nationalmuseum, 1962, S. 177

121 Alfred Kerr: *Die Ratten. Am Morgen nach der Aufführung*. In: Der Tag. Berlin, 15. Januar 1911, Nr. 13. Siehe auch: Alfred Kerr: *Die Welt im Drama*, Bd. 2, Berlin: S. Fischer Verlag, 1917, S. 253

122 Franz Mehring: *Eine Tragikomödie*. In: Die Neue Zeit, Stuttgart 29 (1911), Bd. 1, S. 760. Siehe auch: Franz Mehring: *Gesammelte Schriften*, Bd. 11, hrsg. von Thomas Höhle u. a., Berlin: Dietz Verlag, 1961, S. 345 f.

4. Rezeptionsgeschichte

Bis zur Verhöhnung gingen die Rezensenten (s. S. 107 der vorliegenden Erläuterung). Heßler alias Harro Hassenreuter gab Anlass zum Protest des Polizeipräsidenten von Jagow: Hassenreuter verlangt von einem Polizisten Schutz und Sicherheit, sonst wende er sich an den Polizeipräsidenten, „ich bin mit Herrn Madai gut bekannt" (87). Das ein „heruntergekommener Schmierenkönig" zu dem ehemaligen Polizeipräsidenten von Madai (Amtszeit 1872–1885) Beziehungen gehabt haben will, empfand sein Nachfolger als „Verunglimpfung" des Vorgängers und verlangte die Streichung des Namens. –

Marie, Hauptmanns erste Frau, lobte das Werk und sah Hassenreuter als Ausgleich zur alles erdrückenden Misere. Sie schrieb ihrem Sohn Eckart am 23. Januar 1911:

> *„‚Die Ratten' sind ein ausgezeichnetes Stück! Ich war zweimal darin weil ich einen großen Genuss an ihnen habe! Der Konflikt mit dem Kind ist meisterhaft gezeigt und jeder Mensch lebt und ist wahr bis in den letzten Blutstropfen. Harro Hassenreuter ist prachtvoll! Ohne ihn wäre die Tragik drückend! Er lässt die Seele immer wieder aufatmen!"*[123]

Nach der Premiere und im Angesicht der unterschiedlichen Kritik versuchte sich **Hauptmann selbst an einer Interpretation**. Sie entstand vor April 1911 und war gegen die Kritiker gerichtet, wurde aber erst 1963 veröffentlicht. Der Dichter beschrieb die Besonderheit des Stückes, vom Einzelnen zum Ganzen und vom Ganzen zum Einzelnen zu gehen. Wer diese Beziehung nicht ständig reflektiere, verstünde das Werk nicht. Nach einer ausführlichen Beschreibung, wie der ideale Kritiker auszusehen habe, erläuterte Hauptmann in einer unerwarteten Präzision seine Konzeption:

> *„Die Idee des Dramas bestand aus dem Gegensatz zweier Welten und hatte diese beiden Welten zum Ausgangsgrund. Nach meinen Begriffen gibt es eine errechnete Handlung nicht, also gibt es nur eine natürliche."* (CA XI, 809, vgl. S. 109 der vorliegenden Erläuterung.)

---

123 Elisabeth Südkamp (Hrsg.): *Marie Hauptmann – Eckart Hauptmann. Briefwechsel 1905 bis 1914.* Radebeul: Edition Reintzsch, 2001, S. 245

4. Rezeptionsgeschichte

Nach der Premiere wurde das Stück im Lessingtheater täglich, mit einer Unterbrechung durch Arthur Schnitzlers *Anatol*, gespielt, insgesamt 32 Aufführungen hatte es in der Spielzeit; in den folgenden Spielzeiten kam es seltener auf die Bühne. In Köln, Stuttgart, München und Leipzig wurde es noch im gleichen Jahr inszeniert.

War nach der Uraufführung das Urteil über das Stück widersprüchlich – es stieß auf Ablehnung und Unverständnis –, so änderte sich das 1916. Felix Hollaender inszenierte das Stück an der Berliner Volksbühne, die unter der Leitung Max Reinhardts stand. Lucie Höflich spielte die Frau John. Am 23. Dezember war die Premiere, Hauptmann war anwesend. Kritiker sahen das Stück neu, der „Schaubühnen"-Herausgeber Siegfried Jacobsohn (1881–1926) korrigierte seine frühere Ablehnung („Die Schaubühne", Berlin, Jg. 7, Nr. 3, 19. Januar 1911) in „Das Jahr der Bühne" (Berlin, Bd. 6, 1916/17, S. 78–85). Aus dem Abstand von sechs Jahren sei ihm nun das richtige Bild entstanden.

Die berühmte Inszenierung (Volksbühne am Bülowplatz, Berlin, Regie: Jürgen Fehling) am 10. März 1922 schrieb das Stück **endgültig in den Spielplänen der deutschen Theater** fest. Fördernd kam das Erlebnis der Inflation hinzu, das die soziale Brisanz des Stückes bestätigte und verstärkte; „die seit der Revolution von 1918 neu und dämonisch erlebte Großstadt gab hier einen bedrängenden Hintergrund"[124]. Fehling inszenierte in dem Stück jene mythische Dimension, die Hauptmann in früheren Fassungen angelegt, in der Schlussfassung teilweise zurückgenommen hatte:

---

[124] Günther Rühle: *Theater für die Republik im Spiegel der Kritik.* 1. Bd., Berlin: Henschelverlag Kunst und Gesellschaft, 1988, S. 365

4. Rezeptionsgeschichte

> „Der ganze Graus, die ganze Widersinnigkeit und die ganze Lächer-
> lichkeit eines von der Natur abgesperrten Hinterhauslebens in einer
> engverbauten Großstadt kam zu Gefühl. Man spürte hier gleichsam
> mit allen Sinnen, wie diese Menschen wahrhaft ein Rattendasein
> führen, wie sie in Löchern und Halbdunkel stecken, hin und her
> huschen, nie allein, stets beobachtet, also unfrei im schärfsten und
> eigentlichsten Sinne."[125]

1932, Hauptmann feierte seinen 70. Geburtstag, wurde das Stück
elfmal inszeniert. Eine Aufführung von 1932 (Volksbühne Berlin,
Regie: Heinz Hilpert), die Hauptmann sehr schätzte, kam fast ohne
Striche aus, dafür sei „ähnlich wie im Leben"[126] sehr schnell gesprochen worden. An die Inszenierung Otto Falckenbergs in den
Münchener Kammerspielen (Premiere 6. Dezember 1932) erinnerte
sich Hauptmann 1943: „Das Werk ist sehr kompliziert, eine Tragö-
die und eine Komödie sind in ihm unlöslich verschlungen. Neben
dem tragischen Ende der Frau John steht der Aufstieg von Direktor
Hassenreuter. Die Struktur des Stückes hatte unter der Hand seines
Bühnengestalters eine für mich überraschende Klarheit erlangt, die
ich bewundern musste." (CA XI, 1200)
Danach wurde das Stück bis 1945 verdrängt; den Nationalsozialisten passte das Milieu nicht. Aufführungen waren selten (Wiener
Burgtheater, 1937). Die Nationalsozialisten wollten einerseits den
Nobelpreisträger Hauptmann für ihre Politik nutzen, aber anderer-
seits den Dichter der *Weber* vergessen machen. In diesem Umkreis
erwiesen sich auch die *Ratten* als ungeeignet für sie.
Anlässlich des 90. Geburtstages des Dichters häuften sich die Auf-
führungen des Stückes. Wiederum waren das Burgtheater in Wien
(Regie: Berthold Viertel) und die Münchener Kammerspiele dabei.
Viertel hatte bereits 1911 das Stück in der Wiener „Fackel" vertei-
digt. In einer Einleitung für seine Inszenierung beschrieb er die
„Eigenart dieser Tragikomödie":

---

[125] Franz Servaes. In: Berliner Lokal-Anzeiger vom 11. 3. 1922, abgedruckt in: Günther Rühle: *Theater für die Republik im Spiegel der Kritik.* 1. Bd, Berlin: Henschelverlag Kunst und Gesellschaft,
1988, S. 366

[126] C. F. W. Behl: *Zwiesprache mit Gerhart Hauptmann. Tagebuchblätter.* München: Verlag Kurt
Desch, 1948, S. 122

4. Rezeptionsgeschichte

„... die kühne Mischung tragischer und komischer Elemente; das Ineinander und Übereinander von Realismus und symbolisch-phantastischer Überhöhung und Deutung; die sozialkritisch-historische, dabei menschlich so ergreifende Perspektive, die an die Vorgänge angelegt wird, noch während sie sich ereignen; das Autobiografische des Dichters, zur prophetischen Allgemeingültigkeit der Dichtung ausgewertet.[127]

In den folgenden Jahren wurde das Stück durchschnittlich fünfmal pro Spielzeit inszeniert, im Jahr des 100. Geburtstages Hauptmanns allerdings siebzehnmal.

In Manfred Karges Inszenierung am Schauspielhaus Köln 1986 hatte der Bühnenbildner Vincent Callarca eine aufschlussreiche Lösung gefunden: Die Wohnung der Johns war sehr klein und wurde in den Fundus Hassenreuters geschoben, wurde so ein Teil davon.[128] Dadurch erwies sich die Sauberkeit der Wohnung in dem rattendurchseuchten Fundus als unrettbar verloren. – Am 11. 10. 1997 hatte wiederum in Zittau eine Inszenierung Premiere (Regie: Klaus Stephan), die Publikumsbegeisterung auslöste: „Von stürmischem Beifall zu sprechen, wäre untertrieben. Mit nicht enden wollenden Ovationen dankten die Zuschauer dem Gast und dem Ensemble."[129] Der Gast war die berühmte Volksschauspielerin Ursula Karusseit; das Ensemble spielte in einer Inszenierung, die mit Franz Kafkas Roman *Der Prozess* verglichen wurde: Menschen irrten auf unheimlichen Dachböden umher, waren „in Selbsttäuschungen befangen und mehr leidende Opfer als mit Bewusstheit handelnde Helden. Furchterregendes Getier, Ungeziefer, Käfer, Ratten symbolisieren im Werk beider Schriftsteller die Ängste ihrer literarischen Geschöpfe."[130]

---

[127] Berthold Viertel: *Schriften zum Theater.* Berlin: Henschelverlag Kunst und Gesellschaft, 1970, S. 69

[128] Vgl. dazu: C. Bernd Sucher: *Verlorene aller Stände. Manfred Karge inszeniert in Köln Hauptmanns ‚Die Ratten'.* In: Süddeutsche Zeitung, Nr. 145, 28./29. 6. 1986, S. 16

[129] Heinz Arnold: *Ungeziefer und Ängste.* In: Sächsische Zeitung vom 13. 10. 1997

[130] Ebd.

4. Rezeptionsgeschichte

Das Stück gilt als **eines der bedeutendsten der modernen deutschen Dramatik** und als fester Bestand des Bühnenrepertoires.

> vielfältige und sehr unterschiedliche Möglichkeiten der Inszenierung

Regisseure fanden in dem Stück vielfältige und sehr unterschiedliche Möglichkeiten der Inszenierung: Es ließ sich das Dunkle, Mythische, ein bedrückendes Milieu und die ins Asoziale sinkenden Menschen inszenieren, aber auch ein Kriminalstück: Fast alle Gestalten haben etwas zu verbergen; manches, wie Brunos soziales Verhalten oder der Kindestausch der John, zeigt kriminelle Energie, die heimlichen Treffen Hassenreuters mit Alice oder Spittas mit Walburga sind ebenso heiter wie sehr normal. Beim Nachdenken, so die Regisseurin Gabriele Gysi, entdecke man „gut konstruierte kriminalistische Handlungsstränge, die jeden Krimifan nur beglücken könnten"[131]. Gabriele Gysi inszenierte das Stück 2000 im Chemnitzer Schauspielhaus, verzichtete dabei auf Hauptmanns Sprache, denn sie ließ diese „im Schluchzen"[132] und Brüllen untergehen: „Fein gespielt, schlecht gesprochen, gut gebrüllt."[133] Sie vertraute ganz auf die szenischen Einfälle und setzte beim Zuschauer so Stückkenntnis voraus. 2003 inszenierte Nicolai Sykosch am Bremer Schauspielhaus das Stück ohne größere Eingriffe und schuf „ein kleines Wunderwerk, als sie (die Inszenierung, R. B.) sowohl die Musealisierung als auch die Aktualisierung des Stückes zu vermeiden"[134] wusste. Das gelang, weil der Regisseur das Stück in seinem ursprünglichen Zustand beließ, nur einige Akzente anders setzte und das Regietheater in die kritische Auseinandersetzung zwischen theatralischen Möglichkeiten einbezog, indem er Hassenreuter „einige Kostproben des modernen, jedem Spaß und Spektakel besinnungslos zujubelnden Regietheaters geben"[135] ließ. Dass wiederum das Regietheater auch mit dem Stück erfolgreich umzugehen verstand, zeigte Armin Petras Inszenierung am Thalia

---

131 Mechling, S. 7

132 Reinhold Lindner: *Sprachlosigkeit – Sinnlosigkeit*. In: Freie Presse (Chemnitz) vom 15. 05. 2000

133 Ebd.

134 Rainer Mammen: *Wunderwerk gediegener Schauspielkunst*. In: Weser-Kurier vom 23. 11. 2003 (Nr. 275)

135 Ebd.

4. Rezeptionsgeschichte

Theater in Hamburg 2004. Am Ende wurde in dieser Inszenierung Hassenreuters Fundus abtransportiert. Der Kritiker Ulrich Seidler beschrieb das so:

> *„Aus Versehen wird auch Johns Sofa mit hinausgetragen, der am Boden liegenden Henriette zieht man ohne böse Absicht den Kittel aus und packt ihn zu den Kostümen. Nach dem Getümmel ist die Bühne leer und still. Ein Mensch ist übrig geblieben. Man hat ihm die Attribute genommen, ihn aus seiner Rolle geworfen, seine Illusion ausgeknipst. Die Mitmenschen haben die Beziehung gekündigt. Henriette bleibt nur der Abgang. Durchs Fenster. Sie zerklatscht auf dem Boden der Tatsachen."*[136]

Auf einen wesentlichen **Aspekt der Rezeption** machte 1987 der Theaterwissenschaftler und Hauptmann-Experte Rolf Rohmer aufmerksam. Er erklärte das nachlassende Interesse für Hauptmann – auf einem allerdings hohen Niveau – mit der „sozial und politisch klar gegliederten Welt"[137], was zu einer bevorzugten Rezeption Ibsens und Tschechows geführt habe. Allerdings gestand er gerade den *Ratten* eine ähnliche Bedeutung zu:

> *„Im dramatischen Aufriss des differenzierten Gesellschaftsbildes, der mehrsträngigen Fabel und der Vielfalt profilierter Figurengeschichten liegt offensichtlich eine Entsprechung zu den Strukturen und Wirkungsstrategien in den Werken anderer Autoren. Größere Wirkung erreichten daher jene Inszenierungen der ‚Ratten', die nicht alles auf die tragische Geschichte der ‚Proletarierfrau' Henriette John bezogen."*[138]

Den Umkehrschluss konnte Rohmer noch nicht ahnen: Mit dem Wegfall der klaren sozialen und politischen Gliederung erhöhte sich spürbar wieder das **Interesse für gesellschaftliche Gesamtausschnitte**, wie sie Hauptmanns *Ratten* boten.

---

136 Ulrich Seidler: *Gezinktes Glück*. In: Berliner Zeitung, Nr. 75, vom 29. März 2004 (Feuilleton)
137 Rolf Rohmer: *Hauptmann und die anderen*. In: Theater der Zeit, 42. Jg., Berlin 1987, Heft 11, S. 8–13, hier: S. 11
138 Ebd.

4. Rezeptionsgeschichte

Unerkennbare Schicksalsmächte ließen sich mitdenken, die den Menschen unterwarfen und ihm keine Entscheidungsfreiheit ließen. Minutiös gestaltete Milieustudien eines Mietshauses als Abbild einer zerfallenden Gesellschaft waren möglich. Umkehrungen mythischer Strukturen wie Olymp und Unterwelt in eine proletarisierte Form waren denkbar: Der Olymp wurde zum verstaubten Fundus, eine mythische Unterwelt herrscht bis in den zur Requisite gesunkenen Olymp hinein. Es war diese Atmosphäre, die „halb unterweltliche Atmosphäre"[139], die den Dichter an seinem Stück begeisterte: Er inszenierte 1931 das Stück am Hessischen Landestheater Darmstadt selbst. Auf den Proben war der Dichter unerbittlich und „quälte die Schauspieler bis aufs Blut, denn er stellte die letzten und höchsten Anforderungen an sie und gab sich nicht zufrieden, ehe nicht jedes Wort so zur Geltung kam, wie er es sich beim Schreiben vorgestellt hatte"[140]; noch 1942 bewunderte der Dichter das eigene Werk und wünschte: „So etwas möchte ich noch einmal wieder schreiben!"[141].

Hauptmanns *Ratten* waren das Modell für nachfolgende Stücke, der Einfluss war unübersehbar. So erschien 1923 Georg Kaisers Berliner „Volksstück" *Nebeneinander*. Ein Pfandleiher versucht, in einer feindlich zerstörenden Welt menschlich zu sein; er will die ihm unbekannte Selbstmörderin Luise vor der Tat bewahren und geht dabei selbst zugrunde. Auf Hauptmanns *Ratten* weist die im Titel ausgewiesene Parallelität der Haupthandlungen hin: die des Pfandleihers, der einen Menschen am Selbstmord hindern will, dadurch ins Unglück kommt und am Ende mit seiner Tochter in den Freitod geht, und die Geschichte von Luise, die keiner Rettung bedarf, da sie ihr Glück von alleine findet. Die Handlungen sind an gegensätzliche Räume gebunden. Die Pfandleihe („Graukahler Langraum.

Modell für nachfolgende Stücke

---

139 C. F. W. Behl: *Zwiesprache mit Gerhart Hauptmann. Tagebuchblätter*. München: Verlag Kurt Desch, 1948, S. 88

140 Eduard von Winterstein: *Mein Leben und meine Zeit*, Berlin 1947, zit. in: *Gerhart Hauptmann. Leben und Werk*. Ausstellungskatalog. Katalog Nr. 10. Marbach: Schiller-Nationalmuseum, 1962, S. 179

141 C. F. W. Behl: *Zwiesprache mit Gerhart Hauptmann. Tagebuchblätter*. München: Verlag Kurt Desch, 1948, S. 88

4. Rezeptionsgeschichte

Mit Gaslicht. Gitterfenster. Eingangstür von Eisen."[142]) erinnert an Hauptmanns „Dachgeschoss" (7), die „Ländliche Wohnstube. Gardinenweiße Fenster" an Hauptmanns „Wohnung der Frau John ... macht übrigens einen sauberen und gepflegten Eindruck" (34 f.). Die Pfandleihe wird zu einem Zentrum menschlicher Wracks wie Hauptmanns Dachboden, Ortsangaben – „Schauhaus ... Berlin ... am Schlesischen Bahnhof"[143] – gelten ähnlichen Gebieten wie bei Hauptmann. Kaiser fühlte sich zeitweise als legitimer Nachfolger Hauptmanns auf den deutschen Bühnen, nahm ihm aber seine Haltung im Dritten Reich übel.

1928 war Ferdinand Bruckners (d. i. Theodor Tagger, 1891–1958) *Die Verbrecher* ein

Ferdinand Bruckner

sensationeller Erfolg, verstärkt dadurch, dass man seinen Verfasser nicht kannte. Auslöser des Stückes waren Mordprozesse und die Frage nach einem neuen Strafrecht. Gespielt wird in einem Haus, das ein Querschnitt durch die Menschheit ist: Auf drei Stockwerken wohnen sieben Parteien. Die Köchin Christine ist eine Variation von Hauptmanns Frau John, „jener Frau John verschwistert, die gleich ihr ein fremdes Kind an ihr Herz reißen will"[144]. Kindeskauf und Mord sowie die auf ein Haus als Abbild der Gesellschaft orientierte Dramaturgie lassen Hauptmanns Stück durchschimmern. – Ohne dass der Roman direkt auf Hauptmann zurückgeführt werden könnte, ist auch an Alfred Döblins *Berlin Alexanderplatz* (1929) zu erinnern, der nicht nur in der gleichen Berliner Gegend wie Hauptmanns Tragikomödie spielt, sondern auch im Figurenensemble Parallelen aufweist.

Thomas Mann, der die *Ratten* mehrfach als ein wirkliches Volksstück vorstellte,

Thomas Mann

hielt die Tragikomödie für Hauptmanns „vielleicht beste(s) Stück"[145].

---

142 Georg Kaiser: *Nebeneinander*. In: Georg Kaiser: Werke, Bd. 1. Berlin und Weimar: Aufbau-Verlag, 1979, S. 507
143 Ebd., S. 516
144 Monty Jacobs. Vossische Zeitung, Berlin, 24. 10. 1928. Abgedruckt in: Günther Rühle: *Theater für die Republik im Spiegel der Kritik.* 2. Bd., Berlin: Henschelverlag Kunst und Gesellschaft, 1988, S. 901
145 Thomas Mann: *Die Entstehung des Doktor Faustus. Roman eines Romans* (1949). In: ders.: Zeit und Werk. Berlin und Weimar: Aufbau-Verlag, 1965, S. 311

4. Rezeptionsgeschichte

1956, nachdem die *Ratten* oft gespielt wurden, stellte der Theaterkritiker Siegfried Melchinger überrascht fest: „Haben wir nicht eben das merkwürdige Wiederkommen eines Stückes von ihm (Hauptmann, R. B.) erlebt, das bei seinem ersten Erscheinen kaum lebensfähig schien, der *Ratten*?"[146] Er erklärte das mit einem zwar unbefriedigend abgebildeten Weltbild, abgeleitet aus Berlin Ost, aber einem beeindruckenden Mitleid, mit dem Hauptmann der Menschen „Leiden an dem großen Es und die schwachen Unternehmungen ihrer Freiheit verfolgte"[147].

Eine sehr auffällige Spur der *Ratten*, die hier im Detail nicht zu verfolgen ist, durchzieht das Werk Friedrich Dürrenmatts. Ihm waren die Dichter der Vergangenheit Gesprächspartner, die das eigene Werk anregten.[148]
Unter den zahlreichen imaginierten Gesprächspartnern spielten Aristophanes, Shakespeare, Wedekind, Strindberg, Hauptmann und Brecht die größte Rolle. Ihm kamen die *Ratten* als Tragikomödie entgegen, denn er hielt die Welt nicht mehr in der Tragödie für darstellbar. In seinem Buch *Theaterprobleme* (1955) erhob er die Komödie zur einzigen möglichen Bühnenform und meinte damit die Tragikomödie, die dann ihr Ziel erreicht habe, wenn sie ihre „schlimmstmögliche" Wendung nehme. Nach Dürrenmatts Verständnis war in Hauptmanns *Ratten* eine solche Wendung eingetreten. Aber auch die Konfrontation unterschiedlicher Schicksale in einem Haus wiederholte sich in Dürrenmatts Werk mehrfach, am deutlichsten in der Erzählung *Das Haus*, in dem die Verlorenen und Gescheiterten Hauptmanns ihre Wiederkehr zu feiern scheinen. Über seine alptraumartigen Texte *Vinter* und *Das Haus* schrieb Dürrenmatt in deutlichem Bezug auf Hauptmanns Thema: „*Vinter* konzipierte ich gleichzeitig mit dem *Haus*, worauf auch die Ratten hinweisen, die in beiden Erzählungen eine Rolle spielen,

---

146 Siegfried Melchinger: *Theater der Gegenwart*. Frankfurt a. M., Hamburg: Fischer Bücherei, 1956, Nr. 118, S. 119

147 Ebd., S. 140

148 Ulrich Profitlich: *Friedrich Dürrenmatt*. In: Deutsche Dichter der Gegenwart. Ihr Leben und Werk, hrsg. von Benno von Wiese. Berlin: Erich Schmidt Verlag, 1974, S. 497–514

4. Rezeptionsgeschichte

Tiere, die ich besonders abscheulich finde."[149] In der Erzählung *Vinter* schilderte Dürrenmatt in bedrückender Intensität, wie ein Mensch sich den Weg durch eine Ratteninvasion im Keller bis zu den Empfangsräumen eines Palastes bahnt. In *Das Haus* wird die Vision einer „Rattensintflut" entworfen, in der Kontinent auf Kontinent untergeht. Die Ratten wurden für Dürrenmatt das Symbol des Weltuntergangs, nicht nur Zeichen für die Morbidität eines Landes wie bei Hauptmann.

Günter Grass schilderte in seinem Roman *Die Rättin* (1986) eine düstere Endzeit, die
finale Katastrophe, die ebenso in graue Vorzeiten zurückführt, wie sie ins Dunkle des Untergangs vorausweist. Begleitet wurde der Mensch von Beginn an auf diesem Weg von der Ratte:

> *„Seit Menschengedenken gehört sie uns an ... Fortan ist sich jegliche Literatur der existierenden Ratte bewußt gewesen. Das Rattige wurde Prinzip. Man nehme den Roman ‚Die Pest' zur Hand oder Haupt-manns nach unserem Preisträger – freilich im Plural – benanntes Theaterstück ... Halten wir fest: Zumeist dem menschlichen Elend, der Armut, dem Hunger, dem Grauen, der Krankheit und dem Be-dürfnis nach Ekel leibeigen, ist die Ratte bisher nur zu fragwürdigen literarischen Ehren gekommen."[150]*

Hauptmanns Stück wurde von Anfang an übersetzt; das hielt bis in die Gegenwart an: 1998 wurde es ins Kroatische, ins Estnische und immer wieder neu auch in die Weltsprachen übersetzt.

Das Stück fand vielfache Verwendung in anderen Medien, als Film und als Fernsehspiel.[151] Die erste Verfilmung 1921 wurde ein filmkünstlerisches
Ereignis, aber kein Erfolg.[152] Der Film lief auch in Österreich, Däne-

Günter Grass

Verfilmung

---

149 Friedrich Dürrenmatt: *Turmbau. Stoffe IV–IX.* Zürich: Diogenes, 1990, S. 191

150 Günter Grass: *Die Rättin.* Reinbek bei Hamburg: Rowohlt Taschenbuch Verlag, 1988, S. 172 f.

151 Vgl. Michael Schaudig: *Literatur im Medienwechsel. Gerhart Hauptmanns Tragikomödie ‚Die Ratten' und ihre Adaptionen für Kino, Hörfunk, Fernsehen.* München: Verlegergemeinschaft Schaudig/Bauer/Ledig, 1992

152 Sigfrid Hoefert: *Gerhart Hauptmann und der Film.* Berlin: Erich Schmidt Verlag, 1996 (Veröffent-lichungen der Gerhart-Hauptmann-Gesellschaft e. V., Bd. 7), S. 15

4. Rezeptionsgeschichte

mark und den Niederlanden. Er hatte mit dem Stück wenig zu tun: Die Kriminalhandlung wurde verstärkt, die Hassenreuter-Handlung verschwand fast völlig. Der Film galt lange als verschollen, ehe Mitte der 1970er Jahre eine Kopie mit niederländischen Untertiteln gefunden wurde, aus der man den Film restaurierte. 1954 gab es in der westdeutschen Presse eine Leserbefragung, ob eine erneute Verfilmung der *Ratten* wünschenswert sei und dem Publikumsgeschmack entspreche. Zwei Drittel der zahlreichen Einsender sprachen sich für eine Verfilmung aus. Der Regisseur Robert Siodmak verlegte die Handlung in das Berlin der Gegenwart und gab ihr ein Happy-End: Hauptgestalt war nun die Piperkarcka und ihr Kreis, verstanden als ein Flüchtlingsschicksal im geteilten Deutschland. Des Dichters Frau Margarethe Hauptmann beglückwünschte die Schöpfer zu ihrem Film und bestätigte – opportunistisch wie immer –, dass Hauptmann wohl selbst den Stoff neu gestaltet hätte. Kritiker waren dagegen der Meinung, dass es keine Verfilmung der *Ratten* sei, sondern lediglich Motive herausgelöst worden seien. „Fälschung" und „Lüge" warf man dem Film vor. Er lief weltweit, so in der Sowjetunion und auf den Philippinen, in Argentinien und in Frankreich usw.[153] und wurde mit hohen Auszeichnungen, darunter dem „Goldenen Bären", bedacht.

Es wurde eines der am häufigsten für das

Hörspiel

Hörspiel adaptierten Stücke Hauptmanns:
1950 wurde eine Bearbeitung im Hessischen Rundfunk gesendet, 1962 eine vom Sender RIAS, 1964 eine im Bayerischen Rundfunk und 1976 eine im Rundfunk der DDR. 1957 gab es eine englische und 1958 eine südafrikanische Funkbearbeitung. Dabei spielten die jeweiligen Zeitumstände eine große Rolle; das Stück erwies sich für fast jede sozial-politische Situation seit der Uraufführung als anwendbar.[154]

---

153 Vgl. ebd., S. 72 f.
154 Vgl. Sigfrid Hoefert: *Zur Wirkung Gerhart Hauptmanns im Hörspiel.* In: Gerhart Hauptmann „Nu jaja! – Nu nee nee!". Beiträge eines Colloquiums, hrsg. von Rüdiger Bernhardt. Travemünder Protokolle, Bd. 4. Lübeck-Travemünde: Ostsee-Akademie, 1998, S. 65 f.

5. Materialien

Der berühmte Feuilletonist Victor Aubertin (1870–1928), der für die Zeitschriften „Berliner Tageblatt", „Jugend" und „Simplizissimus" schrieb, veröffentlichte in der „Berliner Börsen-Zeitung" eine Kritik, die Hauptmanns Stück karikierte. Er bekannte, aus der „Kinderunterschiebungsaffäre" nicht klug geworden zu sein, und fuhr in feuilletonistischer Zuspitzung fort:

„Es war nur das eine ganz sicher, dass da auf der Bühne immer ein Kinderwagen stand, bisweilen sogar zwei, und dass hinter der Kulisse das Weinen eines Kindes von einem ungesehenen Künstler auf das täuschendste nachgemacht wurde. Schade, dass man den bescheidenen Mann bei seiner Tätigkeit nicht beobachten konnte; man hätte aus diesem trostlosen Abend wenigstens eine heitere Erinnerung mitgenommen. ... Man muss die quälende Langeweile am eigenen Leibe gespürt haben, diese grauenhaften Wiederholungen, diese salzlosen Episoden, dieses verworrene Kommen und Gehen, diese Dagewesenheit jeden Spaßes und jeder Charakternuance.

Nicht ohne eine gewisse Erregung schreibt man solches über einen Dichter hin. Es handelt sich um ein Ereignis, das das ganze deutsche Volk angeht, um die endliche Aufgabe einer Hoffnung in öder dunkler Zeit. Denn: von dem Mann, der dieses Stück schrieb, von dem ist kaum mehr etwas zu erwarten."[155]

Ein Jahr später, 1912, bekam Gerhart Hauptmann den Nobelpreis für Literatur.

---

155 Victor Aubertin. In: Berliner Börsen-Zeitung, Nr. 25, 15. Januar 1911. Abgedruckt in: Hugo Fetting (Hrsg.): *Von der Freien Bühne zum Politischen Theater*. Drama und Theater im Spiegel der Kritik. Leipzig: Reclam, 1987 (Universal-Bibliothek Nr. 1140), Bd. 1, S. 417 f.

5. Materialien

Alfred Kerr hatte trotz kritischer Einwände die Bedeutung des Stückes gespürt, wie in seiner Premierenrezension zu lesen ist. Sechs Wochen später ging er ausführlich auf das Werk ein (*Ratten-Glosse*) und erkannte jene Dimension eines neuen Mythos, den anfangs nur wenige ahnten:

„Kein anderer hat einen Polizeibericht so zur Tragödie; ein Stadtbild so zum Drama werden lassen. Auf diesem ... Film recken sich die Unterschichten, man fühlt das Getreib' einer ganzen hinteren Siedlungswelt, mit Kasernen, Treppenfluren, Höfen, Küchenspinden ... Die Aufwartefrau John ist hier zum Hort etlichen Menschenleids geworden: mehr als eine Macbethin, tiefer als eine Macbethin. Und obwohl Hauptmann will, dass man es bemerke, bleibt es doch wahr: sie wirkt ernster als schillerjambische Beatricen und Isabellen.[156]*

Golgatha plötzlich in der Weißbiergegend. Um Erbsen, Sauerkohl, Pökelkamm spenstert starr die Ate[157]*. Auf einem so flachen Fleck: ein vulkanischer Spalt. "*[158]

Am 13. Januar 1911 wurde das Werk im Berliner Lessingtheater uraufgeführt. Am 29. Juni 1911 ereignete sich eine der schwersten Brandkatastrophen an jenem Ort, an dem Hauptmanns Stück spielte, in der Mietskaserne Alexanderstr. 10, Ecke Voltairestraße. Die „BZ am Mittag" berichtete:

„50 Mietsparteien schwebten in höchster Lebensgefahr. Über 20 Jahre hatte der Militärfiskus das Gebäude anderweitig verwendet. Anfang der neunziger Jahre aber wurde es einem Generalpächter übergeben, der daraus ein Mietshaus machte, ohne es umzubauen. In der ersten und zweiten Etage sind die ehemaligen Mannschaftsstuben in Wohnungen umgewandelt worden. Darin ist es fürchterlich. Korridore, die

---

[156] Die Namen gehen auf William Shakespeares *Macbeth* und Friedrich Schillers *Die Braut von Messina* zurück. Donna Isabella ist die Fürstin von Messina, Beatrice ihre im Verborgenen erzogene Tochter.

[157] Ate ist eine Tochter des Zeus und eine verderbenbringende Göttin, die Göttin der Verblendung, die des Menschen Geist und Gemüt verwirrt und ihn ins Unglück stürzt. Sie wurde von Zeus aus dem Olymp auf die Erde verbannt.

[158] Alfred Kerr: *Ratten-Glosse* (1. März 1911). In: Alfred Kerr: Die Welt im Drama, Bd. 2. Berlin: S. Fischer Verlag, 1917, S. 247 f.

5. Materialien

am Tage so dunkel sind, dass ein Uneingeweihter keinen Schritt nach vorwärts machen kann und dass die Feuerwehr Brandfackeln mitnehmen musste, um in den langen Korridoren überhaupt vorwärts kommen zu können. Ein verfaulter Holzboden, auf dem man fortwährend auf Hindernisse stößt. In diese finstern Korridore, die bei Nacht nur ganz notdürftig durch kleine Petroleumlampen beleuchtet werden, münden die vielen Mannschaftsstuben und jetzigen Wohnungen. Große, schlechtschließende, mitunter halbverfaulte Türen ... In diesen Korridoren und armseligen Löchern wimmelt es von Menschen. Dieses Haus ist übrigens, so behauptete man, der Schauplatz, auf dem Gerhart Hauptmanns Tragikomödie ‚Die Ratten' spielt."[159]

Gerhart Hauptmann reagierte im Frühjahr 1911 auf die gegensätzlichen Kritiken, die ihn nicht befriedigten, mit einer ausführlichen Beschreibung des idealen Kritikers und schloss eine Bestimmung der Tragikomödie an:

„In meinem Falle bestand die Voraussetzung der Tragikomödie in der Existenz des Theaterdirektors Hassenreuter, der seinen Fundus im Dachgeschoss einer alten Reiterkaserne unterbringen musste und der ein Reinmacheweib (Henriette John) dafür anzustellen genötigt war.

Sobald die sukzessive Bewegung dramatischen Lebens beginnt, bewegt sich Hassenreuter ideell und real im Kreise seiner Familie nach seinem ideellen und praktischen Interessenziel, Frau John ideell und real in der ihrigen und ebenfalls nach ihren praktischen sowie idealen Interessenzielen.

Sie haben im Allgemeinen manche, im Besonderen wenig Berührungen. So ist es am Anfang, so bleibt es zum Schluss. Allerhand Verflechtungen indessen, mechanisch und ideell, bringt ihnen unbewusst das Schicksal in ihre Beziehungen, und diese Verflechtungen und das Unbewusste dieser Verflechtungen stellen gleichnisweise etwas von dem tragikomischen Gehalt des blinden menschlichen Daseins dar."[160]

---

159 Meldung aus der BZ am Mittag vom 29. 7. 1911, öfters zit., auch in: Programmheft *Die Ratten*, Landestheater Halle, Spielzeit 1974/75, Heft 6
160 Gerhart Hauptmann: *Die Ratten*. In: CA XI, S. 809 f.

5. Materialien

Kurt Tucholsky schrieb 1922 für die „Weltbühne" eine Glosse *Quaquaro*, die auch interessante Einsichten für die Bedeutung der *Ratten* enthielt:

„*Er (Quaquaro, R. B.) tritt nur viermal auf und hat nicht allzuviel zu sagen, er ist eine Nebenfigur, ein Thema des Fagotts im großen Berliner Orchester dieses grandiosen Stücks, eine sogenannte Charge ... Alles ist vorgeschrieben: Kostüm, Tonfall, Auftreten – das ist nicht allzuschwer zu spielen. Einen gemeinen, viereckigen Kopf, den Scheitel in der Mitte, eine versoffene Neese, die Stimme heiser vom Brüllen und Saufen, krummer Rücken, schleichender Gang ... Er ist Vizewirt des Hauses, also Vertreter der hausherrlichen Gewalt. Aber kein Hauspascha der schlimmsten Zeit kann so gemein und rücksichtslos sein wie der da. Der Wirt wusste, warum er ihn einsetzte. Er hat das ‚Pack' im Zug! Stammt er doch aus ihrer Mitte, und weil er einer von ihnen ist, tobt er sich wilder aus, als ein ganzer Hausbesitzer-Konzern dazu imstande wäre. Niemand kann so tief verletzen wie der eigne Kastengenosse, kennt er doch die verletzlichsten Stellen am besten – weiß er doch, was schmerzt. Und die halbe Stufe, die er höher steht, will betont sein. Und Quaquaro betont sie. Ein pathosloser Schweinehund.*"[161]

---

161 Kurt Tucholsky: *Quaquaro*. In: ders.: Ein Pyrenäenbuch. Auswahl 1920 bis 1923. Band 2. Berlin: Verlag Volk und Welt, 1969, S. 425

Literatur

1) Ausgaben

Hauptmann, Gerhart: *Die Ratten. Berliner Tragikomödie*. Berlin: Ullstein Buchverlage, [35]2006.
(Nach dieser Ausgabe wird zitiert. Der Text ist deckungsgleich mit der Centenar-Ausgabe.)

Hauptmann, Gerhart: *Sämtliche Werke (Centenar-Ausgabe)*. 11 Bände. Hrsg. von Hans-Egon Hass. Berlin: Propyläen Verlag, 1996.
(In den Erläuterungen zitiert mit dem Sigle CA und nachfolgender Band- und Seitenangabe.)

Hauptmann, Gerhart: *Die Ratten*. In: Gerhart Hauptmann: Sämtliche Werke (Centenar-Ausgabe). Hrsg. von Hans-Egon Hass. Bd. II, S. 731–831, Berlin: Propyläen Verlag, 1996.

Hauptmann, Gerhart: *Die Ratten (Paralipomena)*. In: Gerhart Hauptmann: Sämtliche Werke (Centenar-Ausgabe). Hrsg. von Hans-Egon Hass. Bd. IX, Berlin: Propyläen Verlag, 1996.

Hauptmann, Gerhart: *Tagebücher 1897 bis 1905*. Hrsg. von Martin Machatzke. Frankfurt a. M., Berlin: Propyläen Verlag, 1987.

Hauptmann, Gerhart: *Tagebücher 1906 bis 1913. Mit dem Reisetagebuch Griechenland – Türkei 1907.* Nach Vorarbeiten von Martin Machatzke hrsg. von Peter Sprengel. Frankfurt a. M., Berlin: Propyläen Verlag, 1994.

Hauptmann, Gerhart: *Das Abenteuer meiner Jugend* und *Das zweite Vierteljahrhundert*. In: Gerhart Hauptmann: Sämtliche Werke (Centenar-Ausgabe). Hrsg. von Hans-Egon Hass. Bd. VII und XI, Berlin: Propyläen Verlag, 1996.

Literatur

Brahm, Otto; Hauptmann, Gerhart: *Briefwechsel 1889–1912.* Erstausgabe mit Materialien. Hrsg. von Peter Sprengel. Tübingen: Gunter Narr Verlag, 1985 (Deutsche TextBibliothek, Bd. 6).

2) Ausstellungskataloge

Gerhart Hauptmann. Leben und Werk. Eine Gedächtnisausstellung des Deutschen Literaturarchivs zum 100. Geburtstag des Dichters im Schiller-Nationalmuseum Marbach a. N. Hrsg. von Bernhard Zeller. Katalog Nr. 10. Marbach: Schiller-Nationalmuseum, 1962.

Wirklichkeit und Traum. Gerhart Hauptmann 1862–1946. Ausstellung der Staatsbibliothek Preußischer Kulturbesitz Berlin. Wiesbaden: Reichert, 1987 (Ausstellungskataloge 31).

3) Lernhilfen und Kommentare für Schüler

Bellmann, Werner (Hrsg.): *Gerhart Hauptmann. Die Ratten.* Erläuterungen und Dokumente. Stuttgart: Reclam, 1990 (Universal-Bibliothek Nr. 8187).
(Ausführliche und meist zuverlässige Wort- und Sacherklärungen. Gute Dokumentation der Entstehungsgeschichte, der Varianten und der Wirkungsgeschichte. Nützliches Hilfsmittel.)

Pasche, Wolfgang: *Arbeitsblätter Gerhart Hauptmann. Die Ratten.* 39 Arbeitsblätter mit didaktisch-methodischen Kommentaren. Sekundarstufe II. Stuttgart, Düsseldorf, Leipzig: Ernst Klett, 1999.

Payrhuber, Franz-Josef: *Gerhart Hauptmann.* (Literaturwissen für Schule und Studium). Stuttgart: Reclam, 1998 (Universal-Bibliothek Nr. 15215), zu den *Ratten*: S. 57–66.
(Geeignet für schnelle Information, in den Fakten unzuverlässig.)

Sprengel, Peter: *Gerhart Hauptmann. Die Ratten. Vom Gegensatz der Welten in einer Mietskaserne.* In: Dramen des Naturalismus. Interpretationen. Stuttgart: Reclam, 2005. (Universal-Bibliothek Nr. 8412, S. 243–282).

4) Sekundärliteratur

Die Sekundärliteratur zu dem Werk ist schwer überschaubar. Es werden deshalb nur wenige wichtige Titel mitgeteilt.

Bernhardt, Rüdiger: *Gerhart Hauptmann.* Fischerhude: Atelier im Bauernhaus, 2007.
(Darstellung der Prinzipien, die für Hauptmanns Werk konstituierend sind, unter Einbeziehung bisher unbekannter Materialien.)

Cowen, Roy C.: *Hauptmann-Kommentar zum dramatischen Werk.* München: Winkler, 1980.

Hilscher, Eberhard: *Gerhart Hauptmann. Leben und Werk.* Berlin: Aufbau Taschenbuch Verlag 1996 (ergänzte Ausgabe von 1987, die wiederum eine völlig neu bearbeitete Ausgabe der ersten Ausgabe von 1969 ist).
(Gründliche Biografie des Dichters sowie nachvollziehbare Interpretation der Werke, Verwendung bis dahin unbekannter Materialien.)

Hoefert, Sigfrid: *Gerhart Hauptmann.* Stuttgart: Metzler, 1974 und öfter.
(Solides Nachschlagewerk für Leben und Werk mit kommentierten bibliografischen Angaben.)

Kaufmann, Hans: *Krisen und Wandlungen der deutschen Literatur von Wedekind bis Feuchtwanger.* Berlin und Weimar, 1966, zu den *Ratten:* S. 54–63.
(Einordnung der ,Ratten' in den zeitgenössischen Literaturprozess bis zum Expressionismus; die Grenzen von Hauptmanns Gesellschaftskritik.)

Marx, Friedhelm: *Gerhart Hauptmann.* (Literaturstudium). Stuttgart: Reclam, 1998 (Universal-Bibliothek Nr. 17608).

Mayer, Hans: *Gerhart Hauptmann.* Velber bei Hannover: Friedrich Verlag, 1967.
(Zusammenstellung der Interpretationen des berühmten Literaturwissenschaftlers, der auch eine achtbändige Hauptmann-Ausgabe herausgab, präzise Wertung der ‚Ratten‘.)

Mechling, Anne befragt Gabriele Gysi: *Gespräch über ‚Die Ratten‘.* In: Gerhart-Hauptmann-Blätter. Eine Halbjahresschrift, hrsg. von der Gerhart-Hauptmann-Gesellschaft e. V., Jg. III, Heft I, Zepernick 2001.

Pfeiffer-Voigt, Mechthild (Bearbeiterin): C. F. W. Behl/Felix A. Voigt: *Chronik von Gerhart Hauptmanns Leben und Schaffen.* Würzburg: Bergstadtverlag Wilhelm Gottlieb Korn, 1993 und: **Pfeiffer-Voigt, Mechthild** (Bearbeiterin): C. F. W. Behl/Felix A. Voigt: *Nachtrag zur Chronik von Gerhart Hauptmanns Leben und Schaffen.* Würzburg: Bergstadtverlag Wilhelm Gottlieb Korn, 2002.
(Wichtiges Nachschlagewerk für biografische und zeitgeschichtliche Angaben.)

Requardt, Walter; Machatzke, Martin: *Gerhart Hauptmann und Erkner. Studien zum Berliner Frühwerk.* Berlin: Erich Schmidt, 1980 (Veröffentlichungen der Gerhart-Hauptmann-Gesellschaft, Bd. 1).
(Präzise Darstellung des Frühwerkes Hauptmanns, seiner Herkunft und Entstehung; dabei werden auch die frühesten Ansätze zu den ‚Ratten‘ analysiert.)

Schrimpf, Hans Joachim (Hrsg.): *Gerhart Hauptmann.* Wege der Forschung, Bd. CCVII. Darmstadt: Wissenschaftliche Buchgesellschaft, 1976.
(Sammlung wichtiger Aufsätze, darunter Benno von Wiese: Wirklichkeit und Drama in Gerhart Hauptmanns Tragikomödie ‚Die Ratten‘ und Gerhard Kaiser: Die Tragikomödien Gerhart Hauptmanns.)

Sprengel, Peter: *Die Wirklichkeit der Mythen. Untersuchungen zum Werk Gerhart Hauptmanns aufgrund des handschriftlichen Nachlasses.* Berlin: Erich Schmidt, 1982 (Veröffentlichungen der Gerhart-Hauptmann-Gesellschaft, Bd. 2).

Sprengel, Peter: *Gerhart Hauptmann. Epoche – Werk – Wirkung.* (Arbeitsbücher zur Literaturgeschichte). München: Verlag C. H. Beck, 1984.
(Maßstabsetzender Umgang mit Hauptmann, unter den Fallbeispielen findet sich eine Behandlung der ‚Ratten' mit Literaturangaben, S. 139–152.)

Stuhlmacher, Brigitte: *Berliner Häuser in modernen Dramen. Exempel: Hermann Sudermann und Gerhart Hauptmann.* In: Peter Wruck (Hrsg.): Literarisches Leben in Berlin 1871–1933. Berlin: Akademie-Verlag, 1987, 1. Bd., S. 204–253.

Tschörtner, Heinz-Dieter: *Ein grandioses Stück: ‚Die Ratten'.* In: Tschörtner, Heinz-Dieter: Ungeheures erhofft. Berlin: Buchverlag Der Morgen, 1986, S. 47–57.
(Übersichtliche und leicht verständliche Zusammenschau der schwierigen Entstehung und der Wirkung des Stücks.)

Ziesche, Rudolf: *Mutter John und ihre Kinder. Zur Vor- und Textgeschichte der ‚Ratten'.* In: Peter Sprengel / Philip Mellen (Hrsg.): Hauptmann-Forschung. Neue Beiträge. Frankfurt a. M., Bern, New York: Lang, 1986, S. 225–248.

Ziesche, Rudolf: *Der Fall. Zur Vorgeschichte der ‚ Ratten'.* In: „Die Ratten" von Gerhart Hauptmann. Düsseldorfer Schauspielhaus (Union der Theater in Europa). Programmheft Spielzeit 1995/96, o. P. (S. 5–8).

Literatur

5) Filme u. a.

1921, 29. Juli *Die Ratten*, Hersteller: Grete Ly-Film-Gesellschaft, Regie: Hanns Kobe, Buch: Julius Sternheim

1955, 28. Juni *Die Ratten*, Hersteller: CCC-Film, Regie: Robert Siodmak, Buch: Jochen Huth, Kamera: Göran Strindberg; Frau John: Maria Schell; englischsprachige Version 1955, als Fernsehfilm: ZDF am 29. Juni 1964

1957, 7. April *Die Ratten*, Deutscher Fernsehfunk der DDR, Regie: Fritz Bennewitz

1959, 12. März *Die Ratten*, ARD, Regie: John Olden, Buch: Gerd Oelschlegel

1962, 4. April *Die Ratten*, Hörspiel, Rias Berlin

1969, 12. Januar *Die Ratten*, ARD, Regie: Peter Beauvais

1973, 30. August *Krysy (Ratten)*, tschechische Fernsehfassung, Regie und Buch: Antonín Dvořak